LETTRES

A

M. L'ABBÉ DE PRADT.

Tous les Exemplaires porteront le paraphe de l'Auteur. Il poursuivra selon la rigueur des lois tout contrefacteur de cet Ouvrage.

De l'Imprimerie de P. N. Rougeron, rue de l'Hirondelle, n.° 22.

LETTRES

A

M. L'ABBÉ DE PRADT,

PAR UN INDIGÈNE

DE L'AMÉRIQUE DU SUD.

Les flatteurs des peuples parlent comme ceux des cours: c'est toujours aux passions qu'ils s'adressent.
DE PRADT, les *Six derniers Mois*, page 84.

PARIS,
Chez RODRIGUEZ, Libraire, Palais-Royal,
Cour des Fontaines, N.° 4.

1818.

AVERTISSEMENT.

Dans un moment où l'Europe entière a les yeux fixés sur l'Amérique, où les gouvernemens, les peuples, les hommes de tous les partis, de toutes les opinions portent des jugemens, ou plutôt hasardent des prédictions sur le sort futur de ces vastes contrées, j'ai cru que la voix d'un homme, tout-à-fait étranger aux intérêts et aux passions qui divisent le vieux continent, pouvoit se faire entendre avec quelque utilité.

Par une suite de la destinée qui s'attache à tout ce qui tient à l'Espagne, la partie de l'Amérique qui lui appartient n'est guère plus connue que lorsque les Pizarro et les Cortès venoient de la soumettre à ses armes. L'esprit de parti, les opinions innovatrices, les ambitions déçues profitent de cette ignorance pour y créer *un monde en quelque sorte fantastique*, qui justifie le passé et autorise pour eux les espérances de l'avenir. Quand on réfléchit aux torrens de sang et de larmes que quelques erreurs, faciles à détruire avant qu'elles ne fussent accréditées, ont coûté au genre humain; on se demande si celui qui connoît la vérité a le droit de la taire, et ne doit pas toujours avoir le courage de la dire.

Ayant parcouru tout le vaste continent de l'Amérique, étudié les mœurs, les institutions, les lois qui régissent mes compatriotes; j'ai plus de droits aussi à inspirer la confiance que les auteurs passionnés de quelques livres, faits sur des livres qui ne contiennent eux-mêmes que des données fausses ou exagérées. Heureux si je puis venger la noble nation Espagnole des outrages, des blasphèmes, qu'on ose se permettre contre elle. Plus heureux encore si, détruisant les calomnies qui, comme des nuages amoncelés, dérobent à l'Europe ce qui se passe en Amérique, je puis faire voir mes compatriotes tels qu'ils sont, toujours fidèles, toujours dévoués à la mère-patrie, et gémissant sous le joug de quelques ambitieux, de quelques perturbateurs, qui ne sont pas plus le peuple Américain, que *Robespierre* et quelques bandes révolutionnaires n'étoient la nation française.

Nota. Tous ceux qui connoissent non seulement le manque d'égards, les inconvenances, mais même les injures grossières que se permet M. l'Abbé *de Pradt*, toutes les fois qu'il parle de l'Espagne, me sauront quelque gré (je l'espère) de la modération que je suis parvenu à garder dans tout le cours de cet ouvrage.

LETTRES
A
M. L'ABBÉ DE PRADT,
PAR UN INDIGÈNE
DE L'AMÉRIQUE DU SUD.

PREMIÈRE LETTRE.

MONSIEUR L'ABBÉ,

UN indigène de l'Amérique du Sud, qui, après avoir parcouru une grande partie des établissemens européens dans les Deux Indes, a fixé dernièrement son séjour en Europe, ose vous adresser quelques observations sur votre ouvrage intitulé : *Des Colonies, ou de la Révolution actuelle de l'Amérique.*

Ne croyez pas qu'une critique envenimée va couler de ma plume. Bien loin d'aller sonder vos intentions, et de vous prêter des vues qui ne seroient pas expressément énoncées par vous-même, je vous promets de trouver bon ou de présenter comme tel tout ce qui seroit susceptible d'une interprétation favorable, même à l'aide de toutes les ressources que la dialectique pourroit fournir au plus chaud de vos apologistes. Mais lorsque la force de la vérité l'emportera, et qu'il ne me sera plus possible d'être de votre avis, veuillez aussi en croire à ma sincérité, et conserver ce calme et cette mansuétude qui siéent si bien à un homme de votre état.

Par une conséquence nécessaire de ce que je viens de vous dire, je ne m'attacherai qu'au fond des choses, et je ne porterai pas ma témérité jusqu'à vouloir juger, imiter, ni même concevoir votre style : un étranger n'en a pas le droit. Je laisserai donc passer *le genre humain qui est en marche*; je ne me mêlerai point ni de la *mère*, ni des *enfans*, ni de leurs métamorphoses, et, appelant chaque chose par son nom, je ne parlerai absolument que des colonies et des métropoles.

Votre ouvrage, si je ne me trompe, repose sur une double base : la nécessité que l'Europe s'occupe des affaires de l'Amérique, pour l'empêcher de retomber dans le néant, et les avantages pour l'Europe même de s'en occuper.

Quelque distance qu'il y ait entre vos opinions

et les miennes, nous sommes cependant d'accord sur l'essentiel : sans l'Europe, l'Amérique va disparoître de la carte. Les germes du bonheur se trouvent bien dans son sein, mais ils sont étouffés par une multitude de plantes hétérogènes, et il n'y a que la main européenne qui puisse les classer et les rendre toutes profitables.

On compare souvent, et sans discernement, les Etats-Unis à l'Amérique espagnole ; et l'on infère de l'indépendance et de la prospérité actuelles de l'un, l'indépendance et la prospérité futures de l'autre : il n'y a cependant rien de commun entre ces deux pays.

Les Etats-Unis étoient une véritable colonie, c'est-à-dire une portion de la nation anglaise, transplantée en Amérique. (*). Ils étoient déjà un peuple nombreux, industrieux, éclairé, et leur révolution a été écrite en deux mots : *Les présidens ou gouverneurs, qui jusqu'ici nous venoient d'Angleterre, seront dorénavant élus en Amérique par des Américains et parmi des Américains.* Voilà le seul changement essentiel qu'on trouve dans l'Amérique anglaise d'aujourd'hui, comparée à celle de 1775. Leurs

(*) Voyez le Traité de M. le comte de Hogendorp, sur le système colonial de la France.

sénats, leurs assemblées populaires existoient déjà ; des chartes solemnelles les avoient créés, l'opinion et l'habitude les avoient fortifiés : tout marchoit enfin. Quelle différence avec l'Amérique espagnole !

Les soi-disant colonies espagnoles ne sont pas des colonies proprement dites (*). Habitées par des Européens, par des créoles, par des indigènes, et, sur quelques points, par des nègres esclaves ou affranchis, et par une multitude de castes, nées du mélange de toutes ces races, elles ne forment pas chacune un peuple, mais plusieurs peuples réunis, ou plutôt divisés, et qui se rangent tour à tour sous la bannière du plus hardi, du plus heureux, ou de celui qui les flatte davantage. Ils se détestent les uns les autres, et vous avez raison, M. l'Abbé, les haines religieuses du XVI.ᵉ siècle ne sont rien en comparaison des haines qui existent entre ces diverses castes, et qui, malheureusement, sont entretenues par quelque chose qui frappe les sens et qui ne s'efface jamais : la différence de couleur et de traits. Je vous parle en homme qui appartient à une de ces castes, et qui, peut-être, n'est pas tout-à-fait exempt des pré-

(*) Voyez la note n.° 1, à la fin.

jugés qui s'y rattachent, malgré son long séjour parmi les philanthropes européens.

Celle qui aujourd'hui prend le pas sur toutes les autres, est celle des créoles, celle des Espagnols d'origine. Les Européens qui se trouvoient sur les lieux étant en petit nombre, ou se sont rangés du parti des créoles, ou ont afflué dans les armées royalistes; et par-là, les créoles se sont trouvés les plus forts, parce qu'ils étoient les plus riches et les plus éclairés de tout ce qui restoit (*); mais aussi ce sont eux qui détestent le plus les autres castes, et qui en sont le plus détestés. La raison en est claire, la force des haines est toujours en raison de la proximité physique et morale. On déteste plus son limitrophe que l'étranger avec lequel on n'a rien à démêler.

L'Européen, quoique moins philanthrope sous la zone torride qu'il ne l'étoit en Europe, conserve toujours une partie de son calme philosophique; il devient une espèce de médiateur entre le créole et l'indigène, et s'attache naturellement celui-ci, par la raison que tout médiateur désintéressé est toujours cher à la partie la plus foible. D'un autre côté, les préjugés et la haine du créole contre l'indigène

(*) Voyez la note n.° 2.

n'en deviennent que plus forts, lorsqu'il le voit protégé par son ennemi et son rival l'Européen.

Je dis toujours Européen et non Espagnol, parce que chez nous le mot Espagnol est synonyme de blanc, et se donne également au créole, au véritable Espagnol, et à tout autre Européen ou homme blanc.

Monsieur, me dit-on un jour en entrant chez moi, *un Espagnol, que je crois Français, est venu vous demander.* Effectivement c'étoit un officier français.

Puisqu'à proprement parler il n'y a d'insurgés que parmi les créoles, puisque les autres sont tout au plus des auxiliaires, quelquefois des ennemis cachés, qui se tournent du côté des royalistes sitôt qu'ils paroissent; puisqu'aux Philippines, où les créoles ne dominent point, et aux Antilles, où la peur des nègres les contient, il n'y eut jamais d'insurrection, il faut bien que ce soit sur les créoles que nous établissions nos calculs.

Effectivement, que feroient les indigènes, qui sentent leur grande infériorité auprès des races européennes, et qui, outre cela, n'ont ni propriétés, ni capitaux, ni talens pour se gouverner eux-mêmes? Ils sentent bien qu'ils seroient la proie de la première poignée d'Européens qu se présenteroit (*). Que feroit une misérable troupe de nouveaux affranchis, avec moins de ressources que les indigènes? Enfin que feroient les castes mêlées, plus foibles encore, ayant à combattre les uns et les autres, dont elles sont également méprisées? Il n'y a que les créoles qui puissent viser à l'indépendance: les autres doivent se ranger autour d'eux comme des parties subordonnées.

Mais les créoles ne sont nulle part assez nombreux pour devenir eux seuls indépendans, car l'indépendance suppose le moyen de pouvoir repousser les attaques de l'extérieur, quelque éloignées, et quelque improbables qu'elles paroissent. Or, comment les créoles, qui composent à peine un tiers de la population de l'Amérique, parviendroient-ils à tenir les autres castes dans le respect, et à se défendre en même temps contre les Européens ou contre tout autre peuple en état de les attaquer?

Je ne vois que deux moyens de réussir, (ne vous scandalisez pas, M. l'Abbé, car en hypothèse on peut tout dire) je n'y vois, dis-je, que deux moyens, exterminer toutes les autres castes, ou s'en servir en les ralliant à la cause commune.

(*) Voyez la note n.° 3.

L'extermination est aussi impossible qu'elle seroit atroce, et rallier à leur propre cause les indigènes, les nègres, les mulâtres, les métis, est plus difficile qu'on ne pense. La chose est aisée pour un moment et tant que le bruit des armes étouffe la voix de la raison; mais il ne s'agit pas de l'effervescence d'un moment; il s'agit de rendre cette alliance durable, il s'agit de concilier tous les intérêts.

Que fera-t-on de ces autres castes? leur accordera-t-on la plénitude des droits civils et les égalera-t-on aux blancs? Mais les préjugés s'y opposent; j'allois même dire la raison et la justice, je me contenterai de dire la politique; la distance de la civilisation est trop grande, cela ne pourroit produire aucun effet durable (*).

En fera-t-on des Ilotes? Mais d'après l'idée que nous attachons à ce mot, autant vaudroit les exterminer. Heureusement l'un n'est pas plus facile que l'autre, car pour avoir des Ilotes, il faut avoir des Spartiates, et je n'en connois pas dans mon pays.

Prenant un terme moyen, en fera-t-on une espèce de tiers-état? Mais pour qu'il y ait un tiers-état, il faut qu'il y en ait un second. Ce n'est

---

(*) Voyez la note n.° 4.

pas un jeu de mots, M. l'Abbé, c'est un axiome de politique. Un tiers-état, qui n'a pas un second qui le protège contre le premier, n'est qu'un peuple d'Ilotes tant qu'il est pauvre et ignorant, et il devient une armée de jacobins, dès que vous avez la maladresse de lui laisser acquérir des propriétés et des lumières. Rappelez-vous les siècles où la médiation de l'église tempéroit les rigueurs du système féodal ; rappelez-vous le temps où votre influence comme pontifes étant diminuée, vous vous en êtes tenus au rôle de seigneurs, et vous vous êtes confondus avec eux; et vous ne serez plus étonné ni des malheurs qui ont affligé l'Europe, ni de ceux qui menacent l'Amérique.

La combinaison de tous ces élémens discordans exigeroit au moins beaucoup de lumières et beaucoup de prudence, et malheureusement les créoles espagnols ne sont pas à beaucoup près aussi éclairés que l'étoient les Américains anglais lorsqu'ils se séparèrent de leur métropole; encore est-il probable que les Washington et les Franklin eux-mêmes auroient échoué, s'ils avoient eu tout à créer comme les Américains espagnols, et s'ils n'avoient pas eu à leur appui une opinion publique, déjà formée et uniformée par une longue habitude.

Ce ne sont pas seulement les castes qui luttent contre les créoles : ils luttent encore contre eux-mêmes. Vainement leur présente-t-on le modèle des Etats-Unis ; ces institutions ne s'accordent guère avec leurs idées, ni avec leurs habitudes. Il en parlent, ils ne les imitent point. Où sont leurs sénats, modérateurs de la démocratie ? Ce sont plutôt les Constituans français qu'ils prennent pour modèle, et nous savons, par raison et par expérience, que les Constituans français ne sont pas des modèles à suivre.

Où auroient-ils d'ailleurs puisé les connoissances nécessaires pour le grand œuvre qu'ils ont en main ? D'où leur seroient venues les idées de politique administrative ? La littérature espagnole, il faut l'avouer, n'est pas bien féconde sur ces matières ; et en France même, les idées justes n'y sont pas de bien longue date : il n'y a que les brochures de ces dernières années qui en parlent pertinemment. Les auteurs qui ont précédé la révolution, ou qui l'ont suivie de près, n'étoient pour la plupart que des faiseurs de systèmes ; leurs théories n'étoient pas fondées sur l'observation des faits, comme toute bonne théorie doit l'être ; et, tout en rendant justice aux rares talens des Montesquieu et des Rousseau, il faut avouer qu'ils n'en savoient pas autant, qu'ils n'en pouvoient pas savoir autant que les Hume et les Blackstone. Aujourd'hui même Calais est bien loin de Douvres.

Les créoles espagnols manquant des connoissances nécessaires, n'ayant pas des idées bien positives, ni de ce qu'ils veulent, ni de ce qu'il leur faut, marchent en tâtonnant dans le labyrinthe des systèmes, et sont aussi divisés entre eux, qu'ils le sont avec les autres castes. Les uns et les autres n'attendent, pour s'entr'égorger, que le moment où l'Espagne les aura abandonnés à leur sort. Ce jour-là, si jamais il arrivoit, les scènes des Pizarristes et des Almagristes recommenceroient.

L'Europe seule peut sauver l'Amérique; l'Europe seule, en donnant aux Américains des lois qui leur conviennent, des lois qui réunissent tous les intérêts, et qui s'accordent avec leurs besoins réels, peut leur dire, d'une voix imposante et paternelle : *Vous irez jusque-là, et vous ne franchirez pas ces bornes*; l'Europe seule peut en imposer salutairement à toutes les castes et à tous les partis; assigner à chacun la place qui lui convient, et l'y retenir par le sentiment de la nécessité.

Lorsque je dis l'Europe, ne croyez pas que

je sanctionne les actes de votre *congrès ;* ne croyez pas non plus que j'aie la prétention de le dissoudre ; je n'entre pas, pour le moment, dans une question de droit public, plus difficile qu'on ne pense. Vous la décidez d'un coup de plume : moi, Américain et colon, j'ai le sang moins vif ; d'ailleurs, je ne flatte ni les gouvernemens, ni les peuples ; je révère trop les uns, j'aime trop les autres, pour chercher à les abuser. Je ne me flatte pas moi-même, et cherchant ma propre conviction, ainsi que celle des autres, avant d'avoir une opinion, je commence par raisonner. Voilà la méthode que j'emploierai pour éclaircir un jour avec vous cette importante question.

L'Europe seule peut donc sauver l'Amérique; mais le doit-elle ? Si l'humanité entre pour quelque chose dans les conseils des hommes, il n'y a pas de doute.

Cependant, comme ni M. l'Abbé, ni moi ne nous sommes proposé de faire un sermon, nous laisserons la morale de côté ; nous en reviendrons à la politique, et nous poserons la question de cette autre manière : *L'Europe est-elle intéressée à la conservation de l'Amérique ?* c'est l'Europe même qui doit nous répondre.

A vous donc , Messieurs les Européens.

« Aimez-vous le sucre de betteraves ? Voulez-
» vous vous passer de café, de chocolat, de
» cochenille, d'indigo ? Ou voulez-vous aller
» acheter tout cela, au-delà du Cap des Tem-
» pêtes, au seul entrepôt qui y existe ? Et vous,
» Mesdames, êtes-vous disposées à fondre vos
» chaînes d'or et vos bijoux, lorsque la disette
» des métaux précieux en portera le prix au
» dessus de vos moyens ? »

Je ne vois qu'une seule nation qui pût se tromper sur la réponse; je dis se tromper, parce que tout aussi intéressée, plus intéressée même que toute autre à la conservation et à la prospérité de l'Amérique, l'intérêt du moment et une fausse politique pourroient cependant l'égarer sur ses véritables intérêts, ce qui est impossible chez les autres, où la question se présente pure et simple.

J'ai dit conservation et prospérité de l'Amérique. Croiriez-vous, M. l'Abbé, qu'il y a des politiques qui font une distinction entre ces deux choses, et qui accordent l'une et nient l'autre; qui croient utile de conserver l'Amérique, et pensent en même-temps qu'il ne faut pas la laisser trop prospérer ?

Il y a effectivement des esprits qui, par la même raison qu'ils ne voient rien, veulent tout prévoir;

ils ne distinguent pas les objets réels qui sont à quatre pas, mais ils voient des fantômes dans le lointain : semblables à Don Quichotte, qui distinguoit parfaitement les armées de Pentapolin là où Sancho n'apercevoit qu'un troupeau de moutons. Ceux-là croient prévoir, dans la prospérité future de l'Amérique, la décadence inévitable de l'Europe; comme si la raison et l'expérience ne prouvoient pas, au contraire, qu'on s'enrichit auprès des riches et non auprès des pauvres; et que l'Amérique riche, consommant davantage, et payant mieux les objets européens, soutiendra, au contraire, l'Europe dans sa décadence, ou la poussera davantage vers sa prospérité, et que, de toutes les manières, si l'Europe se ruine, ce ne sera jamais à la prospérité de l'Amérique qu'elle en devra rejeter la faute. C'est ce dont j'aurai l'honneur de vous entretenir un autre jour.

En attendant, M. l'Abbé, je me recommande à votre indulgence.

L'Orient, le 24 août 1817.

IIe LETTRE.

MONSIEUR L'ABBÉ,

DANS ma première lettre, j'ai tâché de développer une idée que vous n'aviez fait que laisser entrevoir, et dont peut-être vous n'aviez pas aperçu toutes les conséquences : c'est la nécessité que l'Europe empêche les Américains de s'entr'égorger, et les avantages que l'Europe elle-même retireroit d'assurer la prospérité future de l'Amérique.

J'ai dit que ce mot de prospérité effrayoit certains petits esprits qui croient voir dans le bonheur de l'Amérique le malheur inévitable de l'Europe.

Comme ces petits esprits animent souvent de grands personnages, lesquels à leur tour font agir de grandes nations, il seroit très-utile de pouvoir les rassurer, et c'est ce que je me propose de faire.

De la fertilité de l'Amérique, de ce qu'elle renferme toutes les températures et tous les climats, et de ce qu'elle est susceptible d'une immense population, ces Messieurs tirent la conséquence qu'un temps viendra où l'Amérique, pouvant se passer de l'Europe, leurs relations de commerce ne pourront plus continuer, l'une n'ayant plus rien à donner à l'autre en échange de ses métaux et de ses fruits. Ils ne réfléchissent point que quand même ces craintes seroient fondées, il y auroit toujours une erreur de calcul à se priver d'un bien réel et présent, par la crainte d'un mal éventuel et très-éloigné. Ces richesses ne resteront pas toujours dans ma famille : est-ce une raison pour que j'y renonce aujourd'hui ? Mes arrières-neveux n'auront point de café : est-ce une raison pour que je commence à m'en priver ? Perfectibilité d'ailleurs n'est pas perfectionnement. Il faut des siècles avant que cette population immense, cette généralité de lumières, et cette industrie sans bornes, qu'on se tourmente à imaginer, puissent se réaliser sur le continent de l'Amérique ; et ce mal, s'il en étoit un, vous donne bien le temps de vous y préparer, peut-être d'y parer : non pas en arrêtant les autres dans leur course, mais en marchant du même pas.

Mais ce qui doit vous rassurer bien davantage, c'est que ces craintes ne sont pas du tout fondées;

fondées ; que ce ne sont pas les armées féroces de Pentapolin qui soulèvent cette poussière, mais de nombreux troupeaux qui vous apportent le tribut de leurs riches toisons. La moindre réflexion dessillera nos yeux.

Le raisonnement de ces Messieurs repose sur trois données principales : la fertilité de l'Amérique qui donne lieu à une grande population ; la diversité de ses climats qui doit favoriser toute sorte de productions et toute espèce d'industrie ; enfin, l'éloignement de l'Europe qui doit conseiller aux Américains de se fournir chez eux à meilleur marché.

Examinons une à une ces trois objections, et voyons d'abord celle qui a égard à la fertilité présente et à la population future ou possible de l'Amérique.

Je crois que l'imagination exagère un peu trop la fécondité du sol américain, quelque grande qu'elle soit en réalité, et encore plus la population qu'on le suppose capable de contenir. L'Amérique est généralement fertile, très-fertile même; mais croyez-vous qu'elle conservera toujours la force génératrice qu'elle possède maintenant? D'ailleurs l'Amérique, généralement fertile, ne l'est pas également dans toutes ses parties. Tant que les nouveaux colons pourront choisir leur emplacement sur un terrain presqu'inhabité, nul doute qu'ils ne trouvent des campagnes fertiles. Les Grecs et les Phéniciens vantoient aussi outre mesure la fertilité des Gaules, des Espagnes et de l'Afrique. Ils n'avoient pas tort ; les plaines de la Bétique, celles qui environnent l'ancienne et la nouvelle Carthage, et celles qui par la suite ont retenti des chants des troubadours, sont encore très-fertiles ; mais enfoncez-vous dans l'intérieur, et vous ne manquerez pas de trouver des terrains plus ou moins arides. Croyez que tous les pays se ressemblent, que l'or de l'Amérique est aussi entouré de poussière, que lorsque les premières places seront prises, les nouveaux colons, qui viendront sur les traces des premiers, devront se contenter des places inférieures, et que lorsqu'on aura mangé la chair, il faudra bien ronger les os.

On ne se trompe pas moins sur la population. Il ne suffit pas qu'un terrain soit fertile pour qu'il devienne peuplé. La fertilité du terrain fournit bien à la nourriture de l'homme ; mais pour qu'il se forme une grande population, il faut des arts, il faut de l'industrie, il faut de l'occupation pour toute sorte d'esprits ; l'industrie ne sauroit naître que de la division du travail, et la division du travail a besoin, non seulement d'un pays étendu qui donne lieu au partage des occupations entre les hommes d'après leur goûts et d'après leurs moyens, mais encore que toutes les parties puissent communiquer aisément ensemble et échanger à peu de frais leurs premières matières et leurs derniers produits. Voilà ce qui manque en général aux pays de l'intérieur, et ce qui fait que tous ces pays, dans quelque continent qu'ils se trouvent situés, ont beaucoup moins de population que la terre n'est capable d'en nourrir. D'un autre côté, la terre y est toujours mal cultivée, et les peuples y sont oisifs et sans industrie. La raison de l'un et de l'autre est très-simple.

Des comestibles ne suffisent pas pour entretenir une grande population ; il faut des habillemens, il faut des meubles et des ustensiles de ménage, il faut des instrumens d'agriculture, il faut des chariots pour en transporter les produits : or, l'immense quantité de métiers nécessaires pour fournir tous ces objets, quelque grossiers et quelque imparfaits qu'on les suppose, ne pouvant pas se trouver dans chaque village, ni même dans un arrondissement de quelques lieues, les transports étant difficiles et conséquemment coûteux, il en résulte que les produits de la terre ont trop peu de valeur en comparaison des autres nécessités de la vie; ou, ce qui est la même chose, que ces produits des arts sont trop chers, comparés aux produits de la terre, contre lesquels cependant ils doivent être échangés. La conséquence immédiate de cela est, que la terre ne paye pas assez les soins qu'on lui donne, et que le laboureur de ces pays devroit travailler beaucoup plus pour se procurer les mêmes objets, que le laboureur d'un pays plus heureux se procure avec un travail ordinaire.

Travaillera-t-il effectivement davantage? L'expérience de tous les pays qui se trouvent dans une situation pareille prouve le contraire. Il négligera le travail à mesure que le travail lui rendra moins, il deviendra paresseux à mesure que ses besoins deviendront plus pressans, et, toute étrange que cette assertion paroisse, il tombera mort de faim et de misère sur un terrain d'ailleurs très-fertile (*).

Si vous voulez donc savoir quelle sera la population de l'Amérique espagnole, n'allez pas en mesurer les lieues quarrées; bornez-vous à l'étendue des côtes et des bords des grands fleuves. Là, où les moyens de communication

(*) Voyez la note n.° 5.

abonderont, là, où les exportations seront faciles, la population augmentera dans une progression rapide, elle n'aura, pour ainsi dire, d'autres bornes que la surface du terrain; mais dans les contrées méditerranées, dans ces immenses plaines, dans ces vallons séparés de l'univers par des montagnes inaccessibles, ne calculez pas sur la fertilité du terrain, la population n'y sera jamais nombreuse. Elle commencera sans doute par augmenter, peut-être même dans une progression rapide; mais parvenue à un certain point, elle ne tardera pas à devenir stationnaire.

En voilà assez, ce me semble, pour détruire ou affoiblir considérablement la première objection, fondée sur la fertilité du sol américain, et sur l'immense population que l'imagination se plaît à lui supposer, sans se rendre un compte assez exact, ni des bornes que la nature a mises à l'accroissement de l'espèce humaine (*), ni même du temps qu'il faut pour atteindre ces bornes.

Le second sujet de crainte pour ces politiques, qui voient le malheur d'une partie du monde attaché au bonheur de l'autre, est *que*

(*) Voyez la note n.° 6.

l'Amérique ayant dans son immense étendue toute sorte de climats et toute sorte de températures, favorisera aussi, disent-ils, *toute sorte de productions et toute espèce d'industrie ; et dès-lors*, si on veut les en croire, *point de communications avec l'Europe.*

Mais, est-il prouvé que la température de l'air soit la seule cause qui influe sur les productions de la terre? Est-ce que le thermomètre à la main, nous pourrons faire du vin de Champagne par-tout où nous trouverons la température de Silleri? Ne voit-on pas, au contraire, des pays de même latitude, même température, que dis-je, des campagnes l'une à côté de l'autre, qui vous donnent des fruits d'une saveur et d'une odeur différentes? Et cette diversité des fruits de la terre ne va-t-elle pas à l'infini? Ne semble-t-il pas que l'auteur de la nature l'ait fait exprès pour lier à jamais les hommes par leurs besoins mutuels ?

L'industrie ensuite touche de bien près à l'agriculture, mais elle s'en éloigne aussi à perte de vue. Je prends maintenant le mot *agriculture* dans le sens le plus étendu, et j'y comprends les bois, les mines et les bestiaux. Le vin et la farine ne sont pas bien loin du raisin et de l'épi; mais les dentelles de Bruxelles sont bien éloignées de la plante du lin. Et quelle immense distance entre une montre de Breguet et la mine de fer et de cuivre qui en ont fourni la première matière ! Que d'ouvriers n'ont-ils pas travaillé, que de capitaux ne se sont-ils pas accumulés sur un peu de poussière imperceptible ! Car on peut faire bien des rouages avec une once de minerai de cuivre, et bien des ressorts avec un rien de minerai de fer (*).

Les objets de l'industrie sont immenses, comparés aux produits bruts de la terre. La division du travail, source principale de cette industrie, excède tout ce que l'imagination peut se représenter au premier abord, tellement qu'il n'est pas d'objet, quelque grossier et quelque simple qu'il soit, qui n'exige la coopération d'une multitude d'arts et de métiers différens (**).

Pour que toute cette immensité d'arts, producteurs d'une immensité de valeurs, dont une petite partie suffiroit pour échanger ou acheter tout le sucre, tout le café, et même tout l'or et tout l'argent de la terre; pour que toute cette immensité de professions productives prenne racine en Amérique , et rende son industrie

---

(*) Voyez la note n.° 7.

(**) Voyez la note n.° 8.

vraiment indépendante de l'Europe, il ne suffit pas d'une grande population, il ne suffit pas que les lumières, c'est-à-dire toutes les théories, tous les procédés ingénieux et tous les talens, traversent l'Océan; il faut encore des capitaux pour faire agir toutes ces professions, et il en faut proportionnellement à l'étendue de ce nouveau monde (*).

On nous dira qu'une partie des capitaux de l'Europe se transportera en Amérique. Il n'y a pas de doute qu'elle s'y transportera; elle s'y transporte même depuis que l'Amérique est découverte : ce sont les capitaux de l'Espagne, plutôt que les mines de Guanaxuato qui ont bâti le superbe Mexico. Mais cette partie du capital européen, qui doit passer la mer, est peu considérable par rapport à l'Europe, et bien moins encore relativement aux immenses besoins de l'Amérique (**).

Les capitaux ne sauroient y passer que de deux manières : ou avec les capitalistes eux-mêmes, au moyen de l'émigration, ou par le crédit que les négocians d'un pays, où les capitaux abondent, sont dans l'usage de faire à ceux qui en

(*) Voyez la note n.° 9.

(**) Voyez la note n.° 10.

manquent, et qui par conséquent sont disposés à payer de gros intérêts. Or, comme la manie de s'expatrier ne prend guère chez les grands capitalistes, et comme, d'un autre côté, le crédit a ses bornes, et même des bornes très-resserrées, le transport des capitaux ne sera jamais assez considérable, ni pour effrayer le pays qui prête, ni pour faire concevoir de grandes espérances au pays qui emprunte (*).

Mais, nous dira-t-on encore, les épargnes créent le capital, et les capitaux eux-mêmes ont la propriété de se reproduire et de s'accroître; l'Amérique peut donc se créer un capital, tout comme l'Europe s'est créé le sien. Oui, mais il faut des siècles pour cela; et pourquoi supposer qu'en attendant l'Europe dormira, et qu'elle ne continuera pas aussi à faire valoir ses capitaux et son industrie? Pourquoi ne feroit-elle pas valoir l'avantage d'avoir commencé une vingtaine de siècles plutôt? Si, à partir d'aujourd'hui, les deux hémisphères suivent la même progression, n'est-il pas évident que dans tous les termes de cette progression, celui-là présentera des quantités plus fortes, qui aura commencé avec une quantité plus forte?

(*) Voyez la note n.° 11.

L'objection qu'on va nous faire à présent est aussi très-forte. L'Europe, nous dira-t-on, est un pays vieux ; elle connoît plus la dissipation que l'épargne ; un mal, peut-être incurable, l'affoiblit de jour en jour ; au lieu que l'Amérique, pays nouveau, a toute la force de la jeunesse, et agricole par nature, elle doit être plus sobre et plus économe que ses vieux parens. Cela est peut-être vrai, mais puisqu'il faut des métaphores, je vous dirai que l'Amérique éprouve en ce moment les maux de l'enfance ; que des convulsions violentes l'agitent ; que de nouvelles éruptions éclatent chaque jour ; et que si on les néglige, toute la vaccine de l'Europe ne sera pas suffisante pour en arrêter les ravages.

Smith prétend que les fondateurs des colonies, emportant avec eux des talens et une industrie déjà formée, semblent laisser derrière eux une partie des vices de la métropole. Je n'examine pas ce que cette assertion peut avoir de vrai en thèse générale, mais je vous assure que tel n'est pas le cas de l'Amérique espagnole ; la dissipation et les vices qu'elle entraîne se trouvent en Amérique tout aussi bien qu'en Europe. Cependant, je veux supposer qu'à la longue l'influence de la position l'emportera sur celle de l'habitude ; que l'esprit d'économie sera chez les Américains plus fort qu'en Europe; et dans cette supposition, je ne doute point que leurs capitaux n'augmentent dans une progression plus forte que ceux de l'Europe, et que cette progression étant nécessairement géométrique, au bout de quelques siècles l'Amérique ne puisse devenir la rivale de l'Europe.

Il semble que nous finissions par accorder ce que nous nous étions proposé de combattre, et que nous n'ayons fait qu'éloigner la crise du mal au lieu d'en détruire la cause; mais, tout en convenant des prémisses, je suis loin d'accorder la conséquence.

De ce que l'Amérique doit prospérer, de ce qu'elle doit avoir un jour une industrie aussi considérable que celle de l'Europe, s'en suit-il nécessairement que cette industrie sera juste de la même espèce, en sorte qu'elle produira les mêmes objets, et en quantité suffisante pour qu'elle n'ait que faire des productions de l'Europe? A-t-on perdu de vue le phénomène de la division du travail? a-t-on oublié que les occupations des hommes sont d'une variété presque infinie, sur-tout lorsque de grands débouchés et de grands capitaux permettent d'établir de grandes manufactures, et conséquemment de donner à la division du travail, d'un côté, et à la mécanique, de l'autre, toute l'étendue dont elles sont susceptibles? Ne sait-on pas que le choix de ces différentes occupations, et l'aptitude nécessaire pour y réussir, dépendent souvent des goûts et du caractère des hommes et des nations, quelquefois de certains avantages de position, de climat, et de mille autres circonstances qu'on ne sauroit déterminer? N'a-t-on pas vu dans tous les temps les différentes branches de l'industrie se partager naturellement entre les nations, entre les provinces d'un même Etat, et entre les arrondissemens d'une même province? Et ce qui est arrivé de soi-même, toutes les fois que des lois prohibitives n'ont pas forcé l'ordre naturel des choses, ou même malgré les lois prohibitives qui contrarioient cet ordre naturel, pourquoi n'arriveroit-il pas encore de même?

N'en doutons point, tant qu'il y aura des débouchés ouverts, les nations, comme les individus, se partageront naturellement les branches de l'industrie. Tel peuple s'adonnera de préférence à tel ou tel genre de production; à force d'habitude y acquerra une plus grande adresse, et découvrira aussi les procédés les plus simples et les plus économiques de temps et de peine; en sorte qu'à prix égal, il sera en état de rendre son produit plus parfait et plus fini ; ou, ce qui revient au même, à qualité égale, il pourra le vendre à meilleur compte. Tel autre peuple, loin de s'obstiner à soutenir une concurrence désavantageuse avec le premier, s'adonnera de préférence à une fabrication d'un autre genre, dans laquelle, par les mêmes raisons, il aura l'avantage sur lui : et nos arrières-neveux verront comme nous que les branches de l'industrie se ramifiant à l'infini, il y en aura toujours pour tous les peuples, et qu'il y aura toujours des circonstances particulières qui feront que chaque nation tour à tour excellera dans de certains produits, et sera surpassée dans d'autres. L'une excellera dans la fabrication des liqueurs, l'autre dans les filatures ; l'une surpassera toutes les autres dans les tissus légers, comme la mousseline et les fouloirs, l'autre dans les tissus serrés comme les draps, la perkale ou le satin ; une troisième ne craindra pas la concurrence dans la beauté des couleurs, ni dans le goût et la nouveauté des dessins ; la quincaillerie, la mercerie, la bijouterie, la cristallerie, des millions d'objets d'industrie, présentent une arène immense, où il y a des prix pour tout le monde ; et quelque avancées, quelque prospères qu'on suppose, les générations futures du nouveau continent, elles trouveront toujours, dans l'ancien, des objets qu'elles pourront se procurer à meilleur marché que si elles s'obstinoient à vouloir les fabriquer tous, ou, ce qui est au fond la même chose, elles y trouveront toujours des objets qu'elles pourront échanger avantageusement avec les leurs.

Mais l'augmentation de prix, qu'y apporteroient les frais d'un long voyage? C'est le troisième sujet de crainte de nos politiques, et je me propose d'y répondre dans la lettre suivante.

Je suis toujours, etc.

L'Orient, le 1.er septembre 1817.

III.e LETTRE.

MONSIEUR L'ABBÉ,

DANS la lettre précédente, nous avons examiné jusqu'à quel point le nouveau continent pouvoit accroître sa population et ses richesses, et jusqu'à quel point l'Amérique pourroit rivaliser avec l'Europe en toute sorte de produits agricoles et manufacturés.

Nous avons fini par nous faire une objection fondée sur l'étendue des mers qui séparent les deux hémisphères, et sur l'influence que les frais nécessaires d'un si long voyage pourroient exercer sur leur commerce réciproque.

Cette objection, la dernière de celles que nous nous sommes proposé de détruire, fera le sujet de la présente lettre.

L'Amérique ayant toute sorte de produits, (disent nos politiques), *elle trouvera beaucoup plus commode de se fournir elle-même, que de venir à grands frais chercher les productions de l'Europe, et dès-lors, qu'aurions-nous à lui offrir en échange du sucre, du café, de l'indigo, et sur-tout de l'or et de l'argent, qui sont d'une valeur immense ?*

Un moment à propos de l'or et de l'argent. Vous prétendez, M. l'Abbé, que la disette s'en fait déjà sentir en Europe, et vous semblez nous prédire la fin du monde, si l'or et l'argent venoient à nous manquer ; tant vous avez pris d'affection pour ces jolis métaux. D'un autre côté, M. Say, dans son Traité d'économie politique, prétend que si l'on continue à exploiter les mines, et sur-tout s'il s'en découvroit de nouvelles, un temps peut venir où ces métaux, à cause de leur abondance, ne pourront plus servir comme monnoie. M. Say ne croit pas du tout à la disette de l'argent, il soutient que plus les métaux servant de monnoie sont rares, plus il y a de facilité dans la circulation. Qui de vous deux a raison? Je crois que c'est lui. Donnez-vous la peine de le lire : vous n'y perdrez rien : votre réputation auroit même gagné beaucoup à le bien étudier avant d'écrire sur les colonies.

L'or et l'argent ne sont pas d'une aussi grande valeur qu'on veut se le persuader. Et ne croyez pas que je vais m'ériger en philosophe et me perdre dans des abstractions ; je veux dire simplement, que les hommes, dans les échanges qu'ils font librement entre eux, lorsqu'ils vendent et lorsqu'ils achètent, ne font pas tant de cas de l'or et de l'argent qu'ils le disent ; qu'il y a une contradiction évidente entre leurs actions et leurs discours, entre ce que les négocians font à la bourse, et ce que les philosophes couchent sur le papier. Combien n'y-a-t-il pas de marchandises qu'on ne vous échangeroit pas, poids pour poids, contre de l'or ni de l'argent? La dentelle la plus commune ne s'achetteroit pas au poids de l'argent, et, pour peu qu'elle soit distinguée, qu'elle ait

ait de la largeur, elle ne s'achettera pas au poids de l'or. Allez offrir à un amateur de vous vendre sa galerie de tableaux, bien entendu non compris les cadres, au poids de l'or ou de l'argent. Allez faire une pareille proposition à un horloger de Londres pour ses chronomètres, qui ne sont pourtant que du fer et du cuivre dans une boîte très-mince d'argent. Il y a bien des produits qui se trouvent plus ou moins dans le même cas; la belle mousseline, la batiste de première qualité, les schals de cachemire, plusieurs objets en acier, les glaces de grande dimension, une infinité de machines et d'instrumens. Ce seroit à ne jamais finir que de passer en revue toutes les productions qui, à poids égal, valent plus que l'or et l'argent.

J'ai dit d'avance (*) qu'une petite partie des objets manufacturés suffiroit pour acheter tout l'or et tout l'argent de la terre. En effet, que deviendront ces métaux qu'on nomme si emphatiquement précieux, si l'on en compare la valeur totale à l'ensemble des autres valeurs, c'est à dire de tous les capitaux existans? ou bien si l'on compare les 236 millions de francs, qui au

(*) Lettre II.e page 23.

dire de Humboldt (*), sortent annuellement des mines de l'Amérique aux produits qui sortent tous les ans des mains de 180 millions d'Européens. Et ne croyez pas que l'or et l'argent qui sortent des mines soient un produit net. Pour les en tirer, il a fallu y enterrer un capital; tout comme il faut ensemencer, pour avoir du blé, ou des pommes de terre. Encore si nous comparions le grand nombre d'exploiteurs de mines qui se ruine, avec le petit nombre qui s'enrichit, et si nous attachions quelque valeur à un vieux proverbe américain, qui dit : *veux-tu te ruiner ? exploite des mines ;* il en faudroit peut-être conclure que les capitaux employés aux mines ne sont pas les plus productifs. (**)

Revenons à notre sujet.

On craint que l'Amérique ayant des manufactures chez elle, celles d'Europe, à qualité égale, ne puissent pas soutenir la concurrence dans les prix.

Mais il suffit de savoir que l'Amérique fournit l'or et l'argent aux Européens, pour en déduire que l'or et l'argent auront une moindre valeur en Amérique qu'en Europe, et que cette

(*) Essai pol. liv. 4, chap. 11.

(**) Voyez la note n.° 12.

différence de valeur sera égale aux frais et risques du transport de ces métaux, et que ces métaux ne pouvant se transporter en Europe qu'en échange de marchandises européennes, ces frais et risques devront se compter aussi sur le voyage de retour, c'est-à-dire que l'or et l'argent auront en Amérique une valeur moindre, non seulement de tous les frais et risques de leur transport, mais encore de tous les frais et risques des marchandises avec lesquelles on les a échangés.

Comme l'or et l'argent sont la mesure de tous les prix, car le prix d'une chose n'est que sa valeur exprimée avec de l'argent ou comparée avec lui, il s'en suit que dire que l'or ou l'argent auront une moindre valeur, c'est dire que les autres marchandises auront comparativement une valeur plus forte, ou, en d'autres termes, qu'elles seront toujours plus chères.

Et comme ce plus grand prix sera justement proportionné aux frais et aux risques du transport (puisqu'il provient principalement de ces frais et de ces risques), il est clair que la plus grande prospérité des manufactures américaines, quand même elle auroit lieu, ne peut jamais faire du tort à la concurrence européenne, tant que l'Amérique possédera pour ainsi dire exclusivement l'or et l'argent.

Ce qui vient d'être dit de ces métaux s'applique de même à la cochenille, au cacao, à l'indigo, et à tous les autres fruits qui ne peuvent pas être produits abondamment en Europe.

Tant que les Européens devront les aller chercher au loin, ces fruits seront là-bas d'une moindre valeur, comparativement à ceux que l'agriculture ou l'industrie européenne peuvent fournir. Cette moindre valeur sera proportionnelle aux frais et risques d'envoi et de retour. Conséquemment, les marchandises européennes pourront toujours s'échanger avec avantage contre ces produits, quelle que soit l'augmentation de prix nominal qu'y apportent les frais et les risques du transport (*).

Mais d'ailleurs, lorsque je conviens qu'il peut se trouver, dans l'étendue de l'Amérique, des climats et des terroirs propres à toute sorte de culture et à toute sorte d'industrie, entendons-nous : croyez-vous que tous ces climats divers se trouveront autour de chaque village ou dans chaque petite province ? et, s'ils se trouvent diversement répandus et à de grandes distances les uns des autres, quel profit peut tirer une partie de l'Amérique des avantages de l'autre ?

(*) Voyez la note n.° 13.

Voilà où je voulois en venir. Quand tout ce que j'ai avancé ne seroit pas aussi évident qu'il me semble l'être, il n'en seroit pas moins faux de dire que *l'Amérique trouveroit plus commode de se fournir elle-même, que de venir, à grands frais, chercher les productions de l'Europe.*

Les politiques qui font cette objection mesurent bien la distance qui sépare les deux continens, mais ils oublient la distance qui sépare les différens points de l'Amérique entre eux ; ils ne savent point que les distances dans le commerce ne se mesurent pas en plaçant le compas sur la carte, mais en pesant les difficultés qui se trouvent sur la route, et en calculant le temps qu'il faut employer et les frais qu'il faut faire. S'ils y faisoient attention, ils trouveroient peut-être que l'Amérique est souvent moins éloignée de l'Europe que d'elle-même.

Je m'étendrai fort peu là-dessus, car ce ne sont que des aperçus généraux qu'on peut chercher et non des données exactes sur une matière qui change à tout moment avec les circonstances.

Les difficultés naturelles à surmonter dans les voyages de mer sont : les vents contraires, les golfes à traverser, les caps à doubler, enfin les tempêtes qui surviennent à l'approche des équinoxes, et qu'il faut tâcher d'éviter, sur-tout près des archipels, comme celui des Antilles, et dans les petites mers, comme le golfe du Mexique. Nous verrons que la navigation de l'Amérique a encore des obstacles qui lui sont particuliers.

Les vents en Europe sont variables, et cela fait que, généralement parlant, on ne les trouve pas toujours contraires pendant un long trajet.

En Europe encore un marin peut à volonté s'éloigner oū s'approcher de terre, pour chercher les vents qui lui sont favorables. Sous la zone torride, c'est-à-dire dans la plus grande partie de l'Amérique, si vous approchez de la terre, vous trouvez souvent les mêmes vents pendant des mois entiers, et la nuit comme le jour, ce qui ne peut pas être également favorable pour ceux qui vont et pour ceux qui reviennent, et très-souvent ne l'est ni pour les uns, ni pour les autres; car on n'aime pas, par exemple, à être poussé contre la terre. Si vous gagnez la pléine mer (ce qui par-tout ailleurs seroit favorable, car c'est-là qu'on marche plus sûrement et plus vîte), c'est bien pis; vous trouvez les vents perpétuellement constans de l'est à l'ouest, ce qui vous oblige quelquefois à faire de grands détours, ou à vous rapprocher de la terre, malgré toutes les lenteurs et tous les risques qu'on a à y redouter ; car ce n'est pas la mer que craignent les marins, c'est la terre.

Cela augmente considérablement les difficultés de la navigation, la rend longue et pénible, et force souvent à des relâches extrêmement coûteuses. Qu'importe que les provinces du Rio de la Plata et celles du Pérou se touchent, si, pour aller de Lima à Buénos-Ayres, il faut faire un trajet de *deux mille lieues*, et doubler péniblement le Cap de Horn ?

Qu'importe que Monte-Rey ou Acapulco soient sur la même côte que Lima ou Valparaïso, s'il faut péniblement ranger cette même côte pour éviter les vents alisés, toujours contraires, et s'il faut employer quelquefois cinq ou six mois pour aller de l'un à l'autre de ces points ? (*) La terre du Brésil, qui s'avance bien avant dans la mer, ou, si vous l'aimez mieux, les caps Frio, San-Augustin et San-Roque, sont, lorsqu'on est obligé de ranger la côte, à cause des vents alisés, très-difficiles à doubler, ce qui rend longue et coûteuse la navigation, par exemple, de Monte-Video à la Terre-Ferme, ou au golfe du Mexique.

(*) Voyez la note n.° 14.

Si à présent nous considérons l'Amérique divisée en deux parties, dont la province de Pernambuco forme le point de séparation, nous verrons que de tous les ports qui se trouvent de ce côté-ci, on vient d'Europe et l'on y va sans avoir de caps à doubler, ni de côtes à ranger ; aussi, la navigation ordinaire n'est guère que de cinq, six, à huit semaines, et il n'en faut guère moins, ou quelquefois il en faut davantage pour communiquer entre ces mêmes points, ou pour communiquer entre deux ports d'Europe, par exemple, entre la Nouvelle Orléans et Cayenne, entre Marseille et Hambourg.

Pour tous les pays au-delà de Pernambuco, et sur-tout pour ceux qui sont de l'autre côté du cap de Horn, croyez-vous que lorsqu'on a fait tant que de ranger des milliers de lieues de côte, et de doubler des caps difficiles et périlleux, on compte pour quelque chose deux ou trois cents lieues de plus ou de moins en pleine mer, qu'on fait en très-peu de temps, et sans courir aucun risque? Quelquefois même la distance est plus courte. En effet, tout bâtiment qui viendroit de Rio-Janeiro, de Montevideo, ou d'au-delà du cap de Horn, pour aller aux Antilles ou aux côtes environnantes, doit doubler le cap de Saint-Augustin, et reconnoître par conséquent la côte de Pernambuco : c'est un point de reconnoissance indispensable. Eh bien! mesurez-le au compas, comptez les degrés, comptez comme vous voudrez, Pernambuco est toujours plus près de l'ancienne Espagne que de la nouvelle, plus près de Cadix que de la Vera-Cruz, et même que de la Havane (*).

Comment donc les denrées qui se produiroient dans un point de l'Amérique pourroient-elles se transporter dans les autres points, de manière à écarter tout-à-fait la concurrence européenne?

Il faut encore observer que ce qui écarte la concurrence, toutes choses supposées égales, ce n'est pas seulement la longueur de la navigation, mais les frais de transport, c'est-à-dire ce qu'il faut payer pour charger et décharger, et ensuite pour le fret et l'assurance.

Or, les frais de chargement et de déchargement, auxquels on peut ajouter les droits d'entrée et de sortie, et autres menus frais que les négocians

---

(*) Voyez les deux tableaux qui sont à la fin des notes, sous le n.° 33.

et les douaniers connoissent fort bien, sont des quantités fixes et indépendantes de la longueur du voyage : conséquemment, elles sont respectivement plus fortes sur les petits que sur les grands voyages.

Vient ensuite la prime d'assurance, qui ne se règle pas non plus sur la longueur matérielle du voyage, mais sur les points de relâche, et sur le nombre de terres ou d'îles dont il faut approcher, car c'est là qu'on trouve ordinairement et les coups de vent et les corsaires. La longueur du voyage ne fait monter la prime d'assurance que lorsqu'elle augmente les risques. Or, si l'on considère le peu de risques de toute sorte qu'il y a à traverser d'un continent à l'autre, en comparaison de ceux qu'on a à courir pour aller d'un port à l'autre du même continent, et surtout dans celui d'Amérique, où les orages sont fréquens, et où la nécessité d'approcher toujours de la terre expose davantage aux avaries et aux pirates, on verra que les primes d'assurance pour le commerce entre l'Europe et l'Amérique ne peuvent pas être comparativement élevées.

Quant au fret, il faut observer qu'une partie, et même la plus grande partie de ce qui est payé sous cette dénomination, est une véritable prime d'assurance : voilà pourquoi j'ai voulu parler de l'assurance avant de parler du fret. Effectivement, le salaire de l'équipage et du capitaine, et les bénéfices de l'armateur, y entrent pour peu de chose; mais ce qui renchérit le fret, c'est qu'ordinairement l'armateur a fait assurer le corps du vaisseau, et que dans tous les cas il doit être, ou remboursé de la prime qu'il a payée, ou payé lui-même des risques qu'il court. C'est pourquoi le fret se règle d'après les mêmes principes que l'assurance, c'est-à-dire moins en raison de la distance qu'en raison des risques. Il y a encore une autre raison pour croire que le fret entre l'Europe et l'Amérique ne sera pas cher comparativement aux distances, et comparativement à celui qu'on paiera entre deux ports d'Amérique; c'est que le fret se règle encore sur ce que le capitaine doit payer à l'entrée du port, soit au pilote, soit au gouvernement du pays, soit aux douaniers qui le vexent, et encore sur la dépense qu'il doit faire jusqu'à ce qu'il ait trouvé une nouvelle cargaison. Or, ces frais n'étant pas plus grands après un long trajet qu'après une courte traversée, il est clair qu'ils sont proportionnellement moins forts pour les grands que pour les petits voyages.

En dernier résultat, jamais les distances maritimes, et sur-tout celles qui nous occupent maintenant, ne seront un obstacle sensible pour le commerce, ni ne parviendront à écarter la concurrence.

Si l'on me demande des preuves de tout cela, je dirai qu'il est impossible d'en fournir de positives, les droits, les impôts, les dépenses et les risques de toute sorte, et conséquemment le fret, l'assurance et tous les autres frais, étant de nature à changer à tous momens. Mais les rapports n'en sont pas moins toujours les mêmes, les petits trajets reviendront toujours en proportion plus coûteux que les longues traversées, et le commerce de l'Europe n'a rien à craindre du cabotage de l'Amérique.

Cependant, pour satisfaire encore la craintive curiosité de quelques gens, nous pourrons leur dire que l'assurance forme la plus grande partie des frais de transport; nous leur rappellerons ensuite qu'elle influe encore très-considérablement sur le fret, et nous finirons par leur faire observer que la prime d'assurance qu'on paye aujourd'hui pour un voyage en Amérique est de trois pour cent, et qu'on paye la même chose de la Baltique à la mer Noire, ou même au golfe de Venise. Cependant il n'est pas douteux que les primes sur l'Amérique ne fussent encore plus basses, s'il n'y avoit pas de pirates, si l'Amérique tranquillisée offroit plus de garantie aux maisons d'assurance, et finalement si un commerce plus suivi et plus régulier engageoit plus de capitaux dans les maisons d'assurance.

Il me semble avoir prouvé que l'Europe n'a nullement à redouter la prospérité de l'Amérique, et qu'au contraire son industrie est fortement intéressée à ce que les Américains soient nombreux, riches et industrieux; que quand même le nouveau continent deviendroit immensément peuplé, énormément riche, et parviendroit à exceller dans toutes les branches de l'industrie, il n'en seroit que plus intéressé à conserver et à augmenter ses relations commerciales avec l'Europe, lesquelles n'en deviendroient que plus importantes, à mesure que les consommateurs devenus plus nombreux, plus industrieux et plus riches seroient en état de mieux payer les objets de leur consommation, et de donner en échange des produits d'une plus grande valeur; enfin, et comme une conséquence de tout cela, que son attachement aux métropoles respectives n'en seroit que plus assuré, et que les probabilités d'une séparation future n'en seroient que plus éloignées, s'il est vrai que le bonheur n'a jamais fait des mécontens.

J'ai l'honneur d'être, etc.

L'Orient, le 1.er septembre 1817.

IV.e LETTRE.

MONSIEUR L'ABBÉ,

J'AI examiné dans les lettres précédentes les deux idées principales que j'ai cru trouver dans votre ouvrage, et qui en constituent pour ainsi dire la base. Je ne sais pas si j'ai bien saisi votre pensée, mais j'ai toujours exposé la mienne.

Nous entrerons maintenant dans les détails : Le plan que je me suis formé ne me permet pas de vous suivre dans vos sept premiers chapitres, où vous nous redonnez l'histoire des établissemens européens dans les Deux Indes, et où (soit dit en passant) vous tombez dans d'étranges bévues de temps et de lieux, de chiffres et de faits. Vous nous parlez, par exemple, d'un vice-roi au Brésil, (*) comme d'une chose

(*) Des Colonies, Tome I.er, page 34; *id.* page 335.

encore existante; vous faites à ce royaume le cadeau de 300 lieues de côtes, poussant ses frontières jusqu'à la rivière de la Plata (*) et en même temps vous le privez de plusieurs établissemens sur la côte d'Afrique, ne lui permettant pas de s'étendre en deçà du 8.e degré de latitude australe. (**) Vous témoignez n'être pas fort en géographie, lorsque vous déclarez inutile l'île de Sainte-Hélène (***) pour ceux qui ont le Cap et l'Isle de France, car ces deux îles étant séparées l'une de l'autre par le Cap et par plusieurs degrés de longitude, ceux qui démâtés, ou manquant d'eau, seront forcés de relâcher dans l'une, feroient de vains efforts pour arriver dans l'autre; ensuite le Cap est une belle colonie et un très-mauvais point de relâche, tandis que Sainte-Hélène est le meilleur point de relâche qui soit au monde, et voilà tout. Vous n'y paroissez guère plus fort, lorsque vous divisez le Mexique (****) *en audience de Guatimala, en celle du Mexique et en celles dites*

(*) Des Colonies, tom. I.er, page 30.

(**) *Ibid.* pages 20 et 42.

(***) *Ibid.* pag. 67.

(****) *Ibid.* pag. 138.

Provincias Internas; ni lorsque vous mettez (*) le pays de Honduras sur la côte du Mexique ; ou lorsque vous composez (**) *le royaume* de Terre-Ferme, du Darien, et des provinces de Veraguas et de Panama. Je ne puis m'empêcher de citer ce qu'un écrivain distingué par la profondeur de ses connoissances (M. le Baron de Humboldt) (***) dit à quelqu'un qui vous avoit devancé dans cette manière de traiter la géographie ; il lui conseille de partager l'Europe en cinq grandes divisions, savoir : l'Espagne, le Languedoc, la Catalogne, et les arrondissemens de Cadix et de Bordeaux. Je vous conseille aussi d'être un peu plus exact en fait d'histoire, et de ne pas faire découvrir le Pérou (****) par Balboa ; vous risqueriez de vous brouiller avec les Pizarro et les Almagro. Vasco Nuñez de Balboa a découvert le premier la mer Pacifique, qui baigne à la vérité le Pérou ainsi que les Californies.

A cela vous me répondrez que vous n'avez fait que copier, et que vous n'êtes pas respon-

(*) Des Colonies, Tom. I.er, pag. 140.

(**) *Ibid.* pag. 141.

(***) Essai polit., liv. III, chap. 8.

(****) *Ibid.* p. 143.

sable

sable de l'exactitude des faits ; aussi je ne m'attacherai pour le moment qu'à ce qu'il y a de vraiment original dans votre ouvrage, c'est la manière de calculer les profits que l'Europe retire des colonies.

Jusqu'ici les négocians ne comptoient comme profit que l'excédent de la valeur des retours sur celle des envois, encore déduction faite de tous les frais ; et les politiques ne comptoient comme profits de l'Etat que la somme totale des bénéfices nets, faits par les producteurs en tant que sujets de l'Etat.

Grace à vous, les bénéfices ont considérablement augmenté, en sorte que si l'on envoie la valeur de 50, et que l'on reçoive la valeur de 100, le profit n'est pas 50 comme jadis, mais 150 ; c'est-à-dire qu'il faut additionner ce que l'on donne et ce que l'on reçoit (*). Vous voulez qu'on y ajoute encore *tout le mouvement commercial, industriel et agricole, qui provient des colonies, puisqu'elles en sont l'objet, et qui n'existeroit pas sans elles* (**) : *plus cette foule de cités que les colonies ont, pour ainsi dire, créées ou décorées sur les*

(*) *Ibid.* pag. 159.
(**) *Ibid.* pag. 165.

bords, auxquels elles-mêmes durent la naissance, et par lesquelles à leur tour elles sont devenues fondatrices au sein même de leurs métropoles (*) : plus toute la population des colonies, *et toute la population européenne, qui, travaillant en vue des colonies, leur doit l'existence* (**). Le plus beau nous manque. *Ainsi*, ajoutez-vous, *il faut y comprendre cette immense marine militaire..* (***). Monsieur, j'ai beau vous lire et vous relire, je ne conçois pas comment la nécessité d'entretenir une *immense marine militaire* peut être comptée comme un des profits que rapportent les colonies. Je ne saurois que penser si vous n'aviez pas eu la précaution de nous dire d'avance que vos prétentions ne s'étendoient pas jusqu'à *l'infaillibilité*.

Ecoutez, je vous l'ai promis dans ma première lettre, il faut que je fasse toute sorte d'efforts pour donner à votre assertion une tournure favorable, et vous faire avoir raison malgré vous.

Les avantages que les colonies ont procuré

(*) *Ibid.* pag. 166.
(**) *Ibid.* pag. 167.
(***) *Ibid.* pag. 166.

et doivent procurer encore à l'Europe, peuvent être envisagés sous trois rapports différens. On peut les considérer en philosophe, en économiste et en politique.

Sous le premier rapport, il seroit effectivement curieux de rechercher l'influence que la découverte du Nouveau-Monde peut avoir eue sur le perfectionnement de la civilisation européenne; d'examiner par quels liens les sciences et les arts, les opinions et les habitudes se tiennent ensemble, comment la nécessité de perfectionner la navigation a poussé les progrès des sciences mathématiques et physiques, et par quels ressorts celles-ci ont contribué à avancer les connoissances morales et politiques, à perfectionner les arts et les institutions, et à améliorer le sort de l'espèce humaine : comment l'aspect de nouveaux objets d'histoire naturelle, d'une nouvelle race d'hommes, de nouvelles langues, de nouvelles mœurs, et l'esprit des voyages et des aventures qui en étoient la suite naturelle, ont dû échauffer les imaginations dans l'ancien monde, et faire éclore mille et mille germes de conceptions différentes, qui sans cela ne se seroient jamais développés. On trouveroit peut-être que, sans les Colomb, les Cortès et les Pizarro, ni les Newton, ni les Leibnitz, ni les Lavoisier n'auroient jamais existé.

Cette discussion atteindroit d'autant plus difficilement le degré d'exactitude et de précision désirable, elle porteroit d'autant plus difficilement la conviction dans les esprits, que cinq grands événemens arrivés dans le même siècle se disputent le prix de l'influence qu'ils ont eue sur la renaissance des lettres, et sur les progrès étonnans que les lumières ont faits depuis-lors, et qu'elles font encore avec une rapidité toujours croissante.

Il seroit vraiment curieux d'examiner un à un, d'abord isolément et ensuite combinés successivement les uns avec les autres, tous ces grands événemens, et le degré d'influence probable que chacun d'eux a exercée sur les lumières, les richesses, les mœurs et le bonheur du genre humain; de rechercher quels auroient été les effets de l'imprimerie (en 1436) sans la prise de Constantinople (en 1453), ou de la prise de Constantinople, sans le passage du Cap (en 1498), ou de tous ces événemens sans le schisme d'Allemagne (en 1520) et sans la découverte de l'Amérique (en 1492): enfin jusqu'à quel point et de quelle manière l'influence particulière de chacun de ces événemens a été favorisée par la concurrence des autres.

Sans vouloir rien préjuger sur une matière, qui seule pourroit donner lieu à un ouvrage très-intéressant, je ne puis m'empêcher d'énoncer en passant, que, parmi ces événemens, je n'en vois que deux d'une influence vraiment colossale.

La prise de Constantinople n'a pas contribué à la renaissance des lettres, autant qu'on le suppose communément. Ce n'étoient ni des hellénistes ni des manuscrits qui nous manquoient au XV.e siècle; car enfin, les communications avec Constantinople étoient toujours ouvertes. C'est l'imprimerie, c'est la découverte de l'Amérique, c'est le feu communiqué aux cœurs et aux esprits par les objets et par les rapports qui venoient d'une zone brûlante; ce sont les communications de nation à nation, devenues plus fréquentes depuis la découverte d'un monde nouveau, qui ont enflammé tous les genres d'ambition, et porté les jeunes gens à l'étude de l'antiquité et à toutes les recherches savantes. Le cap de Bonne-Espérance, s'il n'avoit pas été doublé par Vasco de Gama, l'auroit été vingt ans après par les compagnons de Magellan. Il est vrai que, d'un autre côté, ceux qui avoient doublé le Cap auroient aussi découvert l'Amérique, sur les côtes du Brésil; mais cela même prouve que les deux événemens n'en font qu'un, puisque le second étoit une suite nécessaire du premier. Quant au schisme d'Allemagne, je ne puis partager l'opinion générale; je crois qu'il a retardé plutôt qu'avancé le progrès des lumières. Exaltant jusqu'à la fureur le fanatisme des prétendus réformés, il a fait revivre autant que possible celui des catholiques, qui, dans les doux climats du midi, dormoit depuis des siècles. En raffinant, et en méthodisant, pour ainsi dire, la superstition, il lui a donné des barrières que les ailes même du grand Newton n'ont pu franchir. Ainsi, je crois que ce n'est pas par son influence, mais bien malgré son influence, que le flambeau de la philosophie a éclairé l'univers. Il n'y a donc que l'imprimerie et le Nouveau-Monde qui aient influé d'une manière marquante sur la renaissance des lettres, le progrès des arts et l'accumulation des richesses.

Encore si l'on considère que quelques années après, on ne pouvoit manquer de nous apporter l'imprimerie de la Chine, Christophe Colomb restera seul sur l'arène, et l'on verra que c'est lui qui, dépassant les Colonnes d'Hercule, a, pour ainsi dire, créé de nouveau la lumière.

Voyez-vous, monsieur l'Abbé, comme, en considérant les choses sous ce point de vue, vous pouvez encore avoir raison? Dès-lors, non seulement il est vrai que vous devez à l'Amérique, ou plutôt à ceux qui l'ont découverte et policée, tout ce qu'elle vous envoie et tous les produits que vous lui envoyez, qui n'auroient pas existé sans elle; mais vous lui devez encore les arts même qui ont créé ces produits. Non seulement vous lui devez *cette foule de cités que les colonies ont, pour ainsi dire, créées ou décorées sur les bords auxquels elles-mêmes durent la naissance;* vous lui devez encore la renaissance de cette architecture grecque et romaine qui fait le plus bel ornement de ces mêmes *cités.* C'est peu que de s'avouer redevable de la *population européenne qui travaille en vue des colonies.* L'Europe doit encore au Nouveau-Monde le surcroît de population que le progrès des arts et des institutions lui ont procuré, quand même cette population n'auroit jamais travaillé *en vue des colonies.* Elle lui doit sur-tout ces grands génies qui l'ont éclairée et qui ont surpassé tout ce que l'antiquité nous offre de remarquable et de grand.

Il en résulte que, dans votre calcul, loin d'avoir outre-passé les bornes de la réalité, vous êtes resté fort en arrière; que le produit total des colonies est encore plus fort que vous ne l'avez cotté; et qu'il n'y a par conséquent rien de plus juste, ni rien de plus beau que l'apostrophe par laquelle terminant votre septième chapitre, vous félicitez les Européens des immenses avantages que leur ont procurés les hardis fondateurs des colonies.

Après vous avoir rendu justice, j'ai raison de l'attendre de votre part. Avouez-moi donc que ce n'est point sous ce rapport que, ni vous, ni moi, nous devons considérer les produits des colonies; que ce n'est point l'érudition historique, mais l'économie politique, qui doit nous occuper en ce moment; que lorsqu'on veut éclairer les Gouvernemens, et qu'il s'agit de savoir si un établissement ou une institution quelconque doit être protégée ou abandonnée à son sort, les services anciennement rendus, les frontières défendues, le trône soutenu, le dépôt des lumières conservé ou même augmenté, sont des choses qui peuvent donner lieu à une dissertation très-savante, mais tout-à-fait hors de saison. Il ne s'agit que de savoir si aujourd'hui, si dans les circonstances actuelles, cet établissement et cette institution sont utiles ou nuisibles ; s'ils rapportent, et ce qu'ils rapportent au juste.

Ce principe étant appliqué à l'Amérique, nous verrons que si le hasard qui l'a fait découvrir a été infiniment profitable à l'Europe, cela n'augmente ni ne diminue aucunement son importance actuelle. Les effets restent souvent lorsque la cause a cessé d'exister ; conséquemment, sans nous embarrasser du passé, nous devons porter nos vues sur l'avenir, tâcher de connoître au juste le revenu que l'Europe tire actuellement de ses colonies, et rechercher quels sont les événemens probables qui pourroient augmenter, diminuer, ou faire perdre tout-à-fait ce revenu, afin de prévenir les uns et de favoriser les autres.

Toute sorte de bénéfice peut être divisé en deux parties : bénéfice positif ou direct, et bénéfice problématique ou indirect. Un négociant qui vend 10,000 francs une partie de laines qui lui coûtoit 8,000 fr., y gagne 2,000 fr. : voilà le bénéfice positif ou direct que lui ont rapporté ces laines. Je suppose qu'avec ces 2,000 fr. il ait fait une seconde spéculation, sur laquelle il gagne 1,500 fr., on auroit tort de compter ces 1,500 fr. comme un bénéfice fait sur les laines, quoique réellement elles en soient la première source. J'appelle ces 1,500 fr., par rapport aux laines, un bénéfice problématique et indirect, et je l'appelle problématique, parce que, pour démontrer qu'il provient effectivement des laines, il faudroit prouver que ce négociant n'auroit pas fait la seconde spéculation sans les premiers 2,000 fr. que lui ont rapportés ces laines. Peu importeroit au négociant de confondre ces deux sortes de profits; mais il importe beaucoup aux nations que leurs Gouvernemens ne les confondent point, et ne fassent pas, pour soutenir le bénéfice positif, plus de sacrifices qu'il ne mérite.

Le bénéfice positif que l'Europe retire des colonies n'est que l'excédent de la valeur des retours sur celle des envois, déduction faite de tous les frais. Il en est de même de ce que retirent les Gouvernemens à cause de leur souveraineté. De l'or et de l'argent qui viennent des colonies pour le trésor, il faut déduire les dépenses de la marine militaire qui transporte ces métaux, et qui veille à la sûreté des colonies, ainsi que tous les frais de Gouvernement qu'on a faits en Europe, en vue de ces mêmes colonies (*).

(*) Voyez la note n.° 15.

Passons aux bénéfices problématiques. Il n'y a pas de doute que ce n'est pas le négociant seul qui a gagné dans les envois faits aux colonies, et qu'une foule de mains, par où les denrées ont passé avant d'être expédiées, y ont toutes gagné quelque chose. Voilà pourquoi vous comptez comme bénéfice la valeur totale de ces produits, partant du principe qu'ils n'auroient pas existé sans les colonies : mais c'est ce qu'il falloit prouver avant tout.

Pour connoître la partie de ces bénéfices, qu'on doit mettre sur le compte des colonies, il n'est pas nécessaire de savoir si ces produits auroient existé sans elles, car j'ai eu l'honneur de vous observer que les effets peuvent continuer après la cessation de la cause. Il ne s'agit pas non plus de savoir si cette même production continueroit à avoir lieu dans le cas où le débouché des colonies viendroit à manquer : il faut raisonner différemment.

D'abord la totalité de ces produits ne peut pas être comptée comme un bénéfice, car cela seroit vrai tout au plus de la main-d'œuvre, la première matière étant toujours bonne à quelque chose et ayant par conséquent une valeur. Ensuite il faut savoir s'il étoit impossible de donner une autre direction à cette main-d'œuvre; si, par exemple, une partie de ceux qui ont fabriqué du drap ou distillé de l'eau-de-vie, qui ont été échangés contre de l'indigo ou du coton, n'auroient pas pu élaborer du pastel pour suppléer à l'indigo, ou donner quelque autre produit dont la valeur nous auroit procuré ces mêmes denrées chez les peuples asiatiques. Quand même il seroit prouvé que toute cette population ne pourroit pas exister sans les colonies, il ne faudroit pas encore compter comme un bénéfice pour l'Etat, le montant brut de tout ce qu'elle produit, ni même la totalité de la main-d'œuvre; car si cette population travailloit tellement au profit des colonies qu'il ne lui restât rien pour acquitter les contributions, ni pour augmenter par ses bénéfices le capital national, je ne vois pas quel intérêt auroit un peuple à ce qu'elle occupât une place chez lui. On ne peut mettre sur le compte des colonies que le bénéfice net qui reste à ces producteurs après qu'ils ont pourvu à leur subsistance, et le montant des contributions pécuniaires et des services personnels qu'ils peuvent rendre à l'Etat, dont ils font partie. Ajoutez à cela la première partie, c'est-à-dire le bénéfice fait sur l'envoi de ces marchandises, et vous aurez la mesure juste des profits que l'Europe retire des colonies, en considérant ces profits sous le rapport de l'économie politique.

La politique administrative, ou la politique proprement dite, peut considérer sous un autre point de vue les avantages qu'elle retire des colonies : si elles sont un moyen de puissance (ce dont je doute fort); si elles sont indispensables pour soutenir la marine nationale, et pour ne pas tomber sous le joug du monopole, ce qui a pu être vrai dans un temps, mais ne l'est plus depuis que les Etats-Unis ont secoué le joug de l'Angleterre ; et sur-tout depuis que la maison de Bragance s'est établie au centre de ses Etats; enfin si la puissance d'opinion qu'elles donnent encore n'est pas un papier monnoie dont il est utile de se servir tant qu'il a une valeur.

Ce sont des considérations qui n'entrent pas dans mon sujet, et dont par conséquent je ne m'occuperai point.

Je suis toujours, etc.

L'Orient, le 1er novembre 1817.

V.e LETTRE.

Monsieur l'Abbé,

Je laisse de côté vos 8.e et 9.e chapitres avec vos 94 principes constitutifs, ou soi-disant tels, et je passe aux *compagnies exclusives* de commerce qui font le sujet de votre 10.e chapitre.

Les Espagnols du XVI.e siècle, qui venoient de terminer glorieusement la grande guerre de sept cents ans, avoient l'esprit trop guerrier, pour songer aux occupations paisibles du commerce. En vrais soldats, leur avidité ne s'étendoit qu'au butin du premier jour, et ils ne considéroient l'Amérique que comme un nouveau champ de bataille où ils alloient acquérir de la gloire ou de l'avancement. Le cabinet de Charles V, de son côté, ne considéroit l'Amérique que comme de nouvelles provinces ajoutées à son empire, ou comme des mines d'or, qui devenoient un levier puissant pour ses projets de domination en Europe. L'Amérique n'étant envisagée que comme une extension du territoire espagnol, ses relations avec la métropole ne pouvoient être qu'un commerce de cabotage, une espèce de commerce intérieur ou de province à province. Dans ce temps-là, on n'imaginoit pas que le commerce intérieur pût augmenter les richesses d'un pays ; ce que les politiques appeloient exclusivement richesses ne faisoit à leurs yeux que passer d'un côté du royaume dans un autre, sans qu'il y eût profit ou perte pour la nation ; c'étoit en quelque sorte passer l'argent d'un tiroir dans un autre.

Le phénomène de la reproduction, qui aujourd'hui même n'est pas assez généralement connu, étoit alors complétement ignoré. Avec de pareilles idées et de pareilles vues, on devoit s'occuper fort peu du commerce de l'Amérique : on ne s'en occupa presque point. La sûreté des nouvelles conquêtes conseilloit d'en défendre l'approche aux étrangers, et on la défendit. D'autres considérations, tenant à la politique de ces temps-là, faisoient croire qu'on devoit interdire le commerce de l'Amérique à une partie même de la nation espagnole, et on le lui interdit. Voilà à peu près où en étoit le commerce de l'Amérique espagnole dans les XVI.e XVII.e et une partie du XVIII.e siècles.

Le courage des Portugais fit des prodiges dans l'Inde, mais ils ne firent point de conquêtes proprement dites. Ils considéroient bien comme telles tous les pays où ils avoient touché ou au moins tous ceux où ils avoient élevé quelque petit fort. La Perse, le Mogol et la Chine étoient des empires dont la souveraineté leur appartenoit d'après les idées de ce temps-là, et ils auroient bien voulu en interdire l'approche au reste du monde; mais d'abord les Espagnols leur en contestèrent le droit et leur en disputèrent la possession, et ensuite les Hollandais, sans se soucier du droit, voulurent vendre et acheter dans ces mêmes pays, profitant de l'état de foiblesse où étoient tombés les établissemens portugais, par suite des dissentions politiques qu'avoit occasionnées la réunion du Portugal à l'Espagne.

Le premier pavillon hollandais qui osa braver les Portugais dans les mers de l'Inde, n'appartenoit pas à une flotte du Gouvernement, mais à des bâtimens marchands armés pour le compte de quelques particuliers. Leur premier succès excita l'avidité de plusieurs autres négocians d'Amsterdam, qui voulurent partager les gros profits du commerce des épiceries. La résistance qu'avoit éprouvée la première expédition

engagea

engagea ces négocians à se réunir et à faire cause commune ; le Gouvernement approuva cette nouvelle association, dont les succès rapides justifièrent la devise adoptée par lui-même : *Concordiâ res parvæ crescunt.*

Lorsque les Anglais voulurent rivaliser avec la Compagnie hollandaise de l'Inde, ils n'avoient qu'un moyen pour cela ; celui de créer un établissement pareil, et c'est ce qu'ils firent.

Voilà l'origine des premières compagnies des Indes ; institutions qu'il convient de connoître avant de les blâmer, si l'on aspire à autre chose qu'à éblouir quelques lecteurs, et à faire vivre son libraire.

En politique rien n'est bon ni mauvais d'une manière absolue, il faut rapporter les choses aux temps et aux circonstances, pour savoir si elles ont été bonnes ou mauvaises, et si elles le sont encore ou non. Dans les premiers temps, et trouvant des rivaux déjà fixés dans le pays, le peuple qui vouloit établir des factoreries, et qui vouloit les conserver après les avoir établies, n'avoit d'autre choix que celui d'une grande association, dont tous les membres, dirigés par une avidité commune, fussent en état de braver toute sorte de dangers, sans autre compensation que celle des richesses. Des particuliers agissant séparément n'auroient pas été assez forts pour réussir, et une armée navale auroit bien pu détruire les établissemens déjà formés, mais elle n'étoit pas propre à en former de nouveaux. Les Portugais avoient formé les leurs, parce que la nouveauté de l'entreprise, l'espoir des conquêtes et l'enthousiasme de la religion enflammoient le courage de ces guerriers. Mais lorsqu'il n'y avoit plus de gloire à acquérir, lorsqu'il ne s'agissoit plus de conquêtes, mais de factoreries, on ne devoit pas s'attendre à réussir avec des armées. Il s'agissoit du courage de la constance, et non de celui de l'impétuosité, il falloit braver une mort lente et obscure pour s'enrichir, et non une mort prompte et glorieuse pour obtenir les honneurs du triomphe. On ne devoit donc pas s'adresser à une armée régulière que la cupidité relâche, mais à une espèce d'armée féodale que la cupidité enflamme, et dont les derniers soldats, partageant les fruits de l'entreprise, agissent avec autant d'ardeur et autant de persévérance que le premier de leurs chefs. C'est ce que les Anglais et les Hollandais ont fait, et ce qui a donné naissance à ces compagnies souveraines jusqu'alors inconnues.

Vous voyez que les compagnies des Indes n'étoient pas des institutions si mauvaises pour le temps et les circonstances qui les ont vues naître. Il est bien des institutions qu'on trouve vicieuses, et qu'on excuseroit, qu'on approuveroit peut-être si on vouloit les considérer relativement aux circonstances dans lesquelles elles ont été imaginées. Mais le malheur veut que ni les gouvernemens ni les peuples ne soient pas assez persuadés de cette maxime : qu'il faut modifier les institutions d'après les temps et les circonstances, que chaque siècle et chaque position exigent des lois et des institutions différentes, et qu'il est aussi impossible d'imaginer une insitution politique appropriée à toutes les circonstances, qu'il le seroit de trouver un habit qui iroit à tous les hommes, ou un remède qui guériroit de tous les maux. Or, les compagnies des Indes ayant été maintenues sur le même pied lorsque les circonstances étoient toutes différentes, lorsque les mers et les nations de l'Inde étant mieux connues, les particuliers auroient pu faire tout aussi bien ce commerce, et lorsque le droit public des Européens étant fixé, il y avoit mille moyens de prévenir les contestations et les voies de fait qu'on pouvoit craindre dans les premiers temps ; il en est résulté que ces compagnies, sans atteindre le but de leur première institution, puisque ce but avoit disparu, sans produire aucune espèce de bien, ont été à charge au commerce national qu'elles gênoient, et au gouvernement qui s'obstinoit à les soutenir par toute sorte de moyens.

Encore, n'est-on pas si étonné de voir la possession, l'habitude, et cette force d'inertie qui a tant de pouvoir sur les hommes, prolonger l'existence des compagnies anglaise et hollandaise, que de voir d'autres gouvernemens lutter quelques siècles après contre cette même inertie, contre l'habitude, contre l'expérience, et contre toute sorte d'intérêts; enfin par esprit d'imitation, s'obstiner à créer chez eux des compagnies des Indes, et se ruiner, eux et leurs peuples, pour enrichir quelques monopolistes qui se chargeoient adroitement de la direction de ces compagnies.

J'ajouterai quelques réflexions à ce que je viens de dire.

Je souhaiterois d'abord, M. l'Abbé, que vous vous tinssiez en garde contre l'esprit de parti, et que vous ne soufflassiez pas (sans doute involontairement) le feu de la discorde, qui, malheureusement, ne brûle que trop dans les deux continens. Puisque vous reconnoissez, M. l'Abbé, *que les priviléges ont été à la fois le fléau des métro-*

poles et des colonies (*), à quoi bon diviser ces deux peuples en *auteurs et victimes*, et exciter à la rebellion ces derniers en blâmant *leur patience* (**) ? On diroit ensuite, M. l'Abbé, que vous ne craignez dans les compagnies des Indes que le mot exclusif, car vous dites que *des compagnies libres, qui ne sont que des réunions de lumières et de capitaux, sont très-favorables à l'Etat, et par cela même dignes de toute sa protection* (***). Il y a dans cette phrase deux erreurs qu'il convient de relever. Je ne sais pas si vous aurez remarqué qu'en parlant de ces compagnies, je ne les ai jamais appelées *exclusives*; c'est que je considère cette épithète comme tout-à-fait superflue et vide de sens. Sitôt qu'une compagnie de cette espèce est seulement avouée par le Gouvernement, elle devient exclusive de fait, quand même cette circonstance ne se trouveroit pas exprimée dans la Charte qui la reconnoît, ou quand même le contraire y seroit formellement exprimé. Quel particulier osera braver la concurrence d'une association pareille, qui a mille

(*) Des Colonies. Tom. I.er, page 216.
(**) *Ibid.* page 210.
(***) *Ibid.* page 211.

moyens de le traverser et de le ruiner! Si même il venoit à se former une compagnie rivale, en sorte qu'il s'en trouvât deux en concurrence, ou l'une terrasseroit bientôt l'autre, ou toutes les deux se réuniroient; et dans les deux cas, le monopole de l'exclusif n'en subsisteroit pas moins. Je ne veux pas dire pour cela, que le gouvernement doive s'opposer à l'établissement d'une pareille compagnie; loin de moi une idée qui blesseroit également la liberté du commerce; mais il faut que le gouvernement redouble de surveillance pour qu'une parfaite égalité de droits soit maintenue entre elle et les particuliers; que non seulement il avertisse le public que cette compagnie n'a aucun privilége, mais qu'il ne lui permette pas de faire usage ni de son nom, ni de son pavillon, ni d'aucune extériorité qui puisse en imposer au public, car le nom de *Compagnie royale*, par exemple, vaut seul un privilége; qu'il veille à ce que les tribunaux n'envisagent les réglemens et toutes autres sortes d'actes qui pourroient se passer entre les sociétaires, que comme des contrats particuliers; qu'il ne se mêle aucunement de son administration intérieure, et qu'il se défende à lui-même, et défende à ses agens d'entretenir des relations, et de passer des contrats avec elle, quelques avantages qu'on lui propose. Voilà la première erreur que je voulois relever.

L'autre erreur est d'un genre différent. Ces établissemens, continuez-vous, *peuvent, ils doivent même, par leur nature, atteindre à un résultat beaucoup plus grand et plus étendu que ne le feroient des particuliers isolés* (*). Ne perdons pas de vue qu'il ne s'agit point d'une compagnie ordinaire de trois ou quatre associés, mais d'une grande compagnie par actions. Or, je soutiens le contraire de ce que vous dites, et c'est vous-même que je cite en témoignage; vous avez dit que toutes ces compagnies finissent par se ruiner; j'en dis de même, et l'expérience en parle comme nous. Le vice radical de toutes ces institutions est évident à tous ceux qui connoissent les affaires. Une association de commerce ne sauroit réussir si elle est trop nombreuse, et telle que chacun des sociétaires ne puisse pas veiller de près à l'emploi des fonds, et surveiller à tout moment les administrateurs. Aussi, la plupart de ces compagnies ne sont composées que de dupes et de fripons, d'actionnaires qui, au bout du compte, perdent leur mise,

(*) Des Colonies. Tom. I.er, pag. 211.

et de directeurs qui profitent de la simplicité des actionnaires et de celle du gouvernement, dont ils font une vraie dupe, et dont ils se servent pour en faire d'autres (*).

Parmi les compagnies encore existantes, vous nous parlez de la Compagnie des Indes hollandaise, de la Compagnie des Indes anglaise, et de la Compagnie espagnole des Philippines.

Vous nous dites de la première, qu'elle est la seule qui n'ai point *péri*, parmi plusieurs autres qui ont existé conjointement avec elle; *encore*, ajoutez-vous, *son état réel est-il un problême dont un très-grand nombre d'intérêts arrête la solution pour prononcer définitivement sur son sort, si toutefois le voile même dont on couvre sa position n'est pas fait pour l'indiquer, ou du moins pour la faire pressentir* (**). Malheureusement, après nous avoir fait sentir, en diplomate habile, qu'il n'y a pas de voile pour vous, et que l'inconnue du *problême* disparoît à votre vue pénétrante, malheureusement, dis-je, il vous manquoit une donnée : c'étoit de savoir que le *problême* est

---

(*) Voyez la note n.° 16.

(**) Des Colonies. Tom. I.er, page 217.

résolu, et que la susdite Compagnie des Indes a terminé sa carrière depuis bien des années.

La compagnie anglaise des Indes se prépare, à ce qu'il paroît, une retraite honorable, puisque depuis long-temps elle n'a qu'une souveraineté illusoire, que maintenant elle ne conserve l'exclusif que pour le commerce de Canton, tout le reste de l'Asie pouvant être fréquenté par tous les sujets de S. M. B. et même par des étrangers, et que les Chinois, sa dernière ressource, la traitent rudement depuis quelques années.

Quant à la Compagnie espagnole, dite des Philippines, elle entre dans une catégorie tout-à-fait différente. Elle n'a des Philippines que le nom. Elle ne fait le commerce avec aucune colonie espagnole, si ce n'est en temps de guerre qu'elle a la permission, je crois une fois par an, d'acheter aux Anglais à Calcutta une cargaison qu'elle envoie au Pérou.

Elle ne fait de tort qu'à la métropole par l'importation exclusive de quelques objets de la Chine, et des toiles de coton des grandes Indes qu'elle achète dans les établissemens anglais. Le seul tort qu'elle fait indirectement aux Philippines, c'est d'entretenir la prohibition de commercer directement avec la métropole; mais ce mal tombe bien plus directement sur la métropole que sur la colonie, car depuis que la compagnie existe, tous les pavillons sont reçus à Manille, excepté l'espagnol. Cette compagnie ne fut créée en 1785, que pour tirer d'affaire M. Cabarrus, qui trois ans auparavant avoit dirigé la création d'une banque d'escompte et ne pouvoit pas la faire marcher. Il trouva dans la compagnie des Philippines un moyen d'éluder les réglemens de la banque qui défendoient de faire le commerce. La banque prit un intérêt dans la compagnie, et par-là non seulement elle eut un moyen indirect de faire le commerce, mais elle s'empara des débris d'une autre compagnie dite de Caracas.

Avant de finir cette lettre, je dois vous dire un mot au sujet du Portugal. Après avoir dit que *le Portugal avoit eu le bon esprit de préserver des compagnies les immenses colonies qu'il posséda long-temps*, vous terminez la phrase en disant avec cette logique qui vous est propre, *que si le Portugal perdit graduellement tous ses établissemens, ce ne fut pas pour y avoir manqué de compagnies, mais de courage.* (*) D'abord, dans ces reproches peu

(*) Des Colonies. Tom. I.er, page 220.

mesurés que vous vous permettez envers des nations entières, il me semble que vous oubliez votre caractère, et que sans y penser vous donnez un grand avantage à la Quotidienne. S'il faut de la civilité envers les particuliers, il n'en faut pas moins envers les nations; d'autant plus que comme elles ne se défendent point contre de pareilles attaques, il n'y a pas beaucoup de gloire, ce me semble, pour l'assaillant.

Cela posé, j'aurai l'honneur de vous faire observer que les Hollandais n'ont dû en grande partie leurs succès qu'à l'anarchie qui divisoit les Portugais de l'Inde depuis l'occupation du Portugal par Philippe II; que la plupart d'entre eux s'obstinant à ne pas vouloir le reconnoître comme leur souverain, le seul ressort qui fait agir les troupes réglées avoit manqué entièrement, et qu'il est plus que probable qu'en pareille circonstance une compagnie de commerce, dont tous les membres auroient été liés par l'intérêt individuel devenu commun, auroit conservé à la maison d'Autriche, et reporté ensuite à celle de Bragance, l'héritage des Vasco de Gama et des Alburquerque.

Voilà comme les compagnies de commerce ont aussi leur bon côté. Au reste, je ne suis pas fâché de vous trouver de mon avis, en ce qu'aujourd'hui non seulement elles sont devenues inutiles, mais qu'elles sont en opposition avec le bonheur des colonies, avec le bonheur des métropoles, et avec l'intérêt des gouvernemens.

L'Orient, le 24 septembre 1817.

VI.e LETTRE.

MONSIEUR L'ABBÉ,

TOUTES les puissances, qui depuis le 16.e siècle ont fondé des colonies ou formé des établissemens lointains, se sont accordées sur le point du commerce exclusif, c'est-à-dire qu'elles n'ont permis de trafiquer directement avec ces colonies ou avec ces établissemens, qu'aux sujets de leurs nations respectives.

Ont-elles bien ou mal fait? Dans les circonstances actuelles feroient-elles bien ou mal d'abandonner ce système?

Ces deux questions sont d'autant plus intéressantes, que les insurgés de l'Amérique espagnole et leurs apologistes ne trouvent pas de meilleur prétexte à la rebellion, que de mettre en avant ce qu'ils appellent la tyrannie du commerce exclusif.

On devoit bien s'attendre à vous voir, la plume à la main, soutenir en champ-clos la cause des rebelles et vous déclarer contre le système établi. Vous prétendez (*) que les métropoles, en adoptant l'exclusif, ont eu trois objets en vue; vous examinez à votre manière ce triple objet, et vous en concluez qu'on a complètement manqué le but.

Le premier de ces trois objets étoit d'assurer la domination, et vous prétendez que le commerce exclusif, loin d'affermir cette domination, ne peut que la compromettre par les jalousies et les rivalités qu'il excite. Donnez-vous la peine de vous rapprocher de l'objet, pour mieux l'examiner, transportez-vous au siècle des Pizarro, considérez un pays nouvellement conquis et foiblement gardé, et dites-moi si l'affluence des étrangers n'auroit pas compromis la sûreté des colonies d'Amérique. Dites-moi s'il y avoit impossibilité à ce qu'une escadre ne prît les dehors d'un convoi, et s'il n'étoit pas plus facile de garder les approches, que de se défendre lorsque l'ennemi auroit franchi les ouvrages ex-

(*) Des Colonies. Tom. I.er, chap. 11.

térieurs. Veuillez me dire à quels signes on peut reconnoître un matelot ou un soldat, un négociant ou un meneur d'intrigue, un passager ou un espion. Il n'est pas même nécessaire de supposer un plan formé d'avance de la part des gouvernemens; de simples particuliers auroient suffi dans le 16.e siècle pour s'emparer d'une colonie naissante, et les cabinets, qui protégeoient les atrocités inutiles des flibustiers, n'auroient pas manqué d'approuver après coup une entreprise dont ils auroient tiré le fruit. Outre cela, auroit-on admis des consuls étrangers résidant dans la colonie? Vous m'avouerez que de pareilles gens devoient paroître un peu suspects dans un pays nouvellement conquis : les auroit-on refusés? Chaque acte de justice contre un étranger auroit produit une réclamation, et chaque réclamation une guerre.

Si l'admission des étrangers pouvoit compromettre directement la sûreté des nouvelles conquêtes, que n'avoit-on pas à redouter de l'influence lente, mais progressive, d'une communication trop fréquente avec l'étranger? Une conquête n'est consolidée que lorsque la religion, la langue et les mœurs du peuple conquérant sont devenues celles du peuple conquis, ou au moins de la partie prépondérante du peuple conquis. Si au 16.e siècle, lorsque les Espagnols étoient en très-petit nombre, comparativement aux indigènes, lorsque la religion n'avoit pas encore étendu ses paisibles conquêtes, lorsque la langue, les mœurs et les habitudes des Espagnols n'étoient pas encore naturalisées dans le pays conquis; si dans ces circonstances on avoit admis dans les rades américaines des étrangers, ayant une autre croyance religieuse, une autre langue, d'autres mœurs, d'autres habitudes, croyez-vous que l'amalgame nécessaire entre les vainqueurs et les vaincus n'auroit pas souffert de grandes difficultés ? Et cet amalgame étant indispensable pour assurer la conquête, pourriez-vous approuver qu'on l'eût négligé ? Si les Espagnols du 16.e siècle avoient commis une pareille faute, croyez-vous que de nos jours les Anglais auroient trouvé une si vive résistance à Buénos-Ayres ? Savez-vous encore qu'au milieu du dernier siècle ces mêmes Anglais s'étant emparés de Manille, et ayant fait prisonniers tous les blancs de la colonie, les Indiens, sans chefs, sans discipline, sans autres ressources que celles que leur donnoit leur aversion pour une domination étrangère, se sont levés en masse, ont assiégé et affamé les conquérans dans leur place d'armes, et leur ont fait une guerre dans le genre de celle que nous avons vue dernièrement en Espagne? Et croyez-vous que cela auroit eu lieu, si les naturels des Philippines avoient été alors aussi habitués à voir des Anglais qu'à voir des Espagnols (*).

Vous dites que l'exclusif des métropoles leur donne pour ennemis tous les colons et tous les neutres. Pour les colons, je vous dirai que, quel que soit le tort que l'exclusif puisse faire au développement de leur industrie, il est trop indirect pour qu'il puisse frapper leur esprit; aussi les insurgés de l'Amérique espagnole ont crié beaucoup plus haut sur le partage égal des emplois que sur la liberté du commerce. Il est vrai que l'île de Cuba a toujours réclamé et soutenu la liberté du commerce, mais c'est qu'étant un pays qui ne produit pas comme les colonies du continent de quoi nourrir ses habitans, ils ne sauroient subsister sans les comestibles qui leur viennent du dehors. D'ailleurs, ce qui vous fera voir que ce n'est pas l'exclusif qui a soulevé les colonies espagnoles, mais l'esprit révolutionnaire qui, après avoir long-temps agité l'Europe s'est réfugié en Amérique, c'est l'exemple récent de Pernambuco,

(*) Voyez la note n.° 17.

qui

qui par la translation de la cour au Brésil ayant cessé d'être une colonie, et jouissant depuis neuf ans de la liberté la plus indéfinie du commerce, s'est cependant soulevé, et vous a procuré l'avantage de faire un nouveau livre.

Je ne vous dirai pas que la gêne de l'exclusif, lorsqu'elle est portée trop loin, ne soit un motif de mécontentement pour les colons; mais je soutiens que, par rapport à la dépendance des colonies, ce léger mécontentement n'est pas à mettre en parallèle avec l'influence des liaisons et des habitudes qu'auroit produites un commerce libre établi dès le commencement. Vous dites que l'exclusif engendre l'interlope; mais relativement à la sûreté des colonies, croyez-vous que la contrebande ait les mêmes inconvéniens qu'un commerce ouvert et conséquemment beaucoup plus étendu? Si la punition d'un contrebandier excite quelquefois des réclamations, croyez-vous qu'il auroit été aisé de surveiller, de punir des complots qui auroient pu se couvrir des apparences d'un commerce, d'ailleurs permis par les lois? Si, dans une guerre maritime, des colons français ou espagnols, affamés par l'interception des communications avec la métropole, tendent quelquefois les bras aux Anglais qui leur apportent de la farine (*). Croyez-vous que cet inconvénient seroit moins grand ou moins fréquent, s'il y avoit dans la colonie quantité de maisons anglaises, quantité de colons de race anglaise ; et si la langue, les mœurs et les habitudes anglaises y étoient plus répandues par suite de relations plus fréquentes ?

Je crois, M. l'Abbé, que vous vous êtes un peu trop pressé de dire, que *le premier objet que les métropoles s'étoient proposé dans l'établissement de l'exclusif ne s'est point réalisé* (**).

J'ai parlé des colonies espagnoles, parce que la clarté exigeoit qu'on se fixât sur quelque point déterminé, parce qu'elles sont les plus importantes, et parce que tout ce qu'on en dit peut s'appliquer à toutes les autres.

Je n'ai parlé jusqu'ici que des premiers temps, et lorsque des pays nouvellement conquis exigeoient des précautions plus fortes pour en

---

(*) Il faut observer que cela ne peut avoir lieu que dans les îles ; dans le continent, les subsistances abondent, et la Nouvelle-Espagne envoie au contraire des farines à la métropole.

(**) Des Colonies. Tom. I.er, page 250.

consolider la domination. Nul doute que lorsque la domination a été consolidée par les habitudes et lorsque ces colonies ont été plus peuplées et mieux gardées, la métropole auroit pu, sans de graves inconvéniens, se relâcher un peu de sa sévérité primitive. Je ne crois pas que dans ce moment le commerce pût servir de prétexte à une invasion ; je ne crois pas qu'un gouvernement réussît aisément dans une pareille entreprise ; je crois encore moins que des aventuriers pussent mettre en risque la sûreté d'une colonie ; je sais bien que la politique moderne de l'Europe ne le souffriroit point, et nous avons en notre faveur un exemple bien récent ; je n'ignore pas enfin que toutes les relations possibles de commerce ne feroient pas parler anglais aux habitans de la Nouvelle Espagne, et que les habitudes anglaises ne prendroient guère sur les côtes du Pérou. Cependant je crois que, même à présent, la liberté du commerce seroit impolitique, si elle n'étoit pas accompagnée de quelques restrictions et de bien des précautions.

D'après vous, le second objet des métropoles, en établissant le commerce exclusif, étoit de retirer du profit de ces mêmes colonies. Rien de plus juste, ce me semble ; car enfin, ces colonies ont été découvertes, conquises et défrichées à grands frais et à grands risques. Les Espagnols, en découvrant le Nouveau-Monde, n'y ont trouvé ni blé, ni presque aucun animal utile, ni même plusieurs de ces fruits que cependant on nomme coloniaux. Ce sont les Espagnols qui ont porté en Amérique les bananes, la canne à sucre, le café, le froment, le seigle, l'orge, le riz, et quantité d'autres plantes utiles. C'est aux Espagnols que l'Amérique doit ses chevaux, ses bœufs, ses brebis, ses chèvres, ses cochons, et presque tous les animaux qui servent de nourriture à l'homme; car les Américains, et principalement ceux de la partie septentrionale, n'avoient guère que des chiens et des canards à manger, aussi étoient-ils antropophages (*). L'Amérique doit encore aux Espagnols (le croiriez-vous!) ses mines d'argent : dans les immenses trésors des Incas et des souverains du Mexique, on ne voit que de l'or provenant des lavages accumulé pendant des siècles, et presque pas d'argent ni aucun autre produit des mines : les Incas avoient défendu expressément de les exploiter. Si vous doutez de mes assertions, ou si vous souhaitez plus de détails, vous

(*) Voyez la note n.° 19.

pourrez les trouver dans les auteurs du temps, et sur-tout dans Garcilaso, Oviédo et Acosta (*); vous pourrez lire encore l'*Istoria antica di Messico* de l'abbé Clavigero; mais puisque vous citez souvent M. de Humboldt, je dois supposer que vous l'avez lu, et que la plupart de ces faits ne sont pas nouveaux pour vous (**). Or, pour opérer toutes ces transformations, vous sentez bien qu'il a fallu aux Espagnols de grands capitaux, et qu'il étoit juste qu'ils en retirassent l'intérêt.

Aussi vous ne leur disputez pas ce droit, mais vous prétendez qu'ils se sont trompés sur les moyens. Vous dites (***) que l'intérêt de la métropole est de faire produire à la colonie le plus que possible, que *si le colon produit sous l'exclusif des denrées d'une valeur de* 100,000 *f. et qu'il ne tire de la métropole en objets de consommation que pour* 50,000 *francs*, la métropole ne perd rien *si la liberté du commerce ajoute à la fortune du colon, de manière à lui faire importer pour* 150,000 *francs* au lieu de 100,000, *et à lui faire exporter pour* 100,000 *f.* au lieu de 50,000; *que les colonies, libres de*

(*) Voyez la note n.° 20.

(**) Voyez la note n.° 21.

(***) Des Colonies. Tom. I.er, page 251.

choisir leurs outils de culture, leurs vêtemens, leurs subsistances, par-tout où le bon marché les appelleroit, trouveroient *dans la liberté de ces choix les moyens de produire encore davantage.* Enfin, de peur qu'on ne vous ait pas bien compris, vous nous présentez l'exemple de la Martinique, qui, dites-vous, *a dû deux fois sa richesse à la soustraction de l'exclusif de la métropole, et à la substitution du commerce anglais et neutre, qui eut lieu dans les guerres de* 1756 *et dans celles de la révolution.*

Mais, M. l'Abbé, dans tout cela vous confondez l'utilité de l'Europe en masse avec l'utilité particulière de chaque Etat possesseur de colonies. Que la liberté du commerce produiroit davantage pour l'Europe en masse, cela me paroît indubitable : mais il vous faut prouver qu'elle produiroit davantage à chaque métropole en particulier. Autrement, quelle utilité retirerai-je de ce que la colonie, au lieu de 50,000 fr. de marchandises qu'elle exportoit de chez moi, en exporte pour 100,000 francs, si elle les exporte d'un autre pays qui ne m'appartient pas? Permettez-moi une comparaison qui, pour n'être pas du genre le plus relevé, n'en est pas moins juste.

Que diriez-vous à votre cuisinier s'il vous

faisoit à peu près le raisonnement que voici ? *Mon maître* (ou monseigneur, si vous voulez), *vous me donnez environ tant par jour, et vous voulez que je ne m'occupe que de votre seule table ; cependant votre véritable intérêt est que je prépare le plus grand nombre de plats possible. Or, si vous me permettiez de donner à dîner à toute personne qui voudroit me payer, je recevrois chaque jour une somme double de celle que vous me donnez, et introduisant dans votre maison quantité de gens affamés, je serois à même de produire une plus grande quantité de plats.* Vous laisseriez-vous persuader par un raisonnement pareil, et consentiriez-vous que, sous le prétexte d'*importer* dans sa poche une double quantité d'argent, et d'*exporter* de la cuisine une plus grande quantité de viandes, il brûlât votre charbon, usât vos casseroles, brisât votre vaisselle, déchirât votre linge, et convertît enfin votre maison en un vrai restaurant ? Eh bien ! les casseroles, la vaisselle et le linge de table, sont les capitaux que la métropole a déposés dans ses colonies en défrichemens, plantations, habitations ou autrement, et le charbon est la dépense annuelle que fait la métropole en frais de gouvernement.

Vous sentez bien qu'il est difficile de persuader aux nations qui ont des colonies, qu'il est de leur intérêt de faire tous les frais d'amélioration, de garde et de protection, et d'en partager ensuite la jouissance avec tout le monde. Pour vous faire sentir que votre imagination vous a égaré, et que vos argumens portent à faux, je ne ferai que vous copier vous-même, en substituant seulement un ou deux mots. Je vous dirai donc que (*) *c'est sûrement un bien singulier* projet que le vôtre, *et qu'il l'est au point de ne pouvoir être soutenu que dans deux suppositions également impossibles : celle d'une égalité parfaite dans les possessions coloniales des Européens, ainsi que dans leur industrie et leurs capitaux. Dans les deux cas, le commerce étant parfaitement égal, les colonies ne trouveroient pas plus d'avantages dans le commerce des étrangers que dans celui de leurs métropoles*, et celles-ci par conséquent n'auroient point à redouter une concurrence qui deviendroit réciproque. D'un autre côté, l'*égalité parfaite*, que nous supposons

(*) Voyez l'ouvrage de M. de Pradt, tom. I.er, pag. 247 et suiv. Tout ce qui est en *italiques* appartient à M. l'Abbé.

dans les possessions coloniales, feroit qu'il y auroit aussi égalité parfaite dans les frais de gouvernement; et dès-lors, chaque nation payant sa quote-part, et rien que sa quote-part, aucune n'auroit à se plaindre d'un pareil arrangement. *Mais comme une pareille supposition est autant hors de la réalité que de la possibilité, il s'ensuit que* votre argument *porte en lui-même le principe de sa* réfutation, il choque *d'ailleurs les intérêts de tout le monde. Les Européens étant très-inégalement possessionnés aux colonies, très-inégalement partagés en capitaux et en industrie, il s'en*suivroit *une inégalité commerciale qui* devroit *porter celui qui* seroit *supérieur, vers le lieu où il* pourroit *l'emporter sur un concurrent qui lui* seroit *inférieur, et qui* attireroit *également le consommateur vers celui qui lui* offriroit *le meilleur marché et la meilleure marchandise*; et il s'ensuivroit encore que deux ou trois nations tout au plus feroient les frais de gouvernement au profit de toutes les autres.

Loin que vous puissiez parvenir à persuader aux métropoles qu'il est de leur intérêt de faire les frais de garde, et de céder spontanément les profits des colonies à qui en voudra, je crois au contraire que la crainte même de perdre les colonies ne doit pas leur arracher une concession aussi absurde que le seroit une liberté indéfinie de commerce. Si l'on doit céder les profits, mieux vaut encore abandonner ses droits et sa possession ; au moins on est plus libre, on se trouve débarrassé et des soins qu'entraîne la propriété, et des frais qui accompagnent la possession.

Le troisième objet des métropoles, en établissant l'exclusif, étoit, selon vous, de retirer les frais de gouvernement.

Ces frais sont de trois espèces : 1.° frais primitifs, c'est-à-dire l'intérêt des capitaux employés par le gouvernement à la découverte, à la conquête et à l'établissement de la colonie ; 2.° frais courans d'administration ; ce qui comprend non seulement les dépenses que le gouvernement fait aux colonies mêmes, mais encore celles qu'il fait dans la métropole en vue de ces mêmes colonies ; 3.° frais de communications et de surveillance, c'est-à-dire tous ou presque tous les frais de la marine, puisqu'il faut peu ou point de marine là où il n'y a pas de colonies à garder.

Nul doute que ces trois parties ne doivent être acquittées par la colonie elle-même. Les faire supporter à la métropole, ce seroit une injustice et une faute.

Cependant l'opinion que la plupart des colonies coûtent aux gouvernemens respectifs plus qu'elles ne leur rapportent, commence à devenir assez générale. Sans vouloir approfondir une matière qui nous meneroit trop loin, j'observerai néanmoins que les raisons qu'on en donne ne sont pas toutes concluantes.

Si cette opinion étoit prouvée, l'erreur d'une pareille conduite seroit évidente, car dès que les charges excèdent la rente d'une terre, le bon sens me dicte de l'abandonner; à moins que je ne sois persuadé que cet état de choses n'est que passager, et qu'un temps viendra où cette terre me rendra avec intérêt ce que j'aurai dépensé pour en retenir la possession.

Plusieurs causes ont dû contribuer à maintenir les gouvernemens dans l'erreur.

Quelques-uns ne se sont pas fait de justes idées de la domination, et se sont persuadés que tout ce qui étendoit les bornes de l'empire lui étoit avantageux, sans considérer qu'une extension de frontières qui n'augmente pas les ressources de l'Etat l'affoiblit, loin de le fortifier.

D'autres gouvernemens, dirigés par l'esprit de

commerce, se sont persuadés que l'Etat pouvoit bien faire des sacrifices, si d'un autre côté la nation étendoit son commerce ; mais peut-être n'ont-ils pas assez distingué entre la portion de commerce qui provenoit effectivement de ces sacrifices et celle qui en étoit indépendante et provenoit d'autres causes ; peut-être n'ont-ils pas évalué au juste le profit net qui résultoit de ce commerce, et ont-ils fait en sa faveur plus de sacrifices qu'il n'en méritoit (*). -Toujours, est-il vrai qu'en acquittant les frais des colonies avec les déniers de l'Etat, ils ont commis une sorte d'injustice. Les contributions, pour être équitables, doivent peser sur les membres de l'Etat en raison du plus ou moins d'utilité que ces membres retirent de l'emploi qu'on fait du montant de ces contributions. C'est seulement pour éviter les inconvéniens et l'arbitraire qu'entraîneroit une recherche trop minutieuse de ce degré d'utilité respective, qu'on a établi comme une règle générale que chacun doit contribuer aux charges de l'Etat, en raison de ce qu'il possède ; parce que ces charges consistant principalement dans le maintien de la paix intérieure par le

(*) Voyez le calcul des profits dans la Lettre quatrième.

moyen des magistrats et autres préposés du gouvernement, et dans le maintien de l'indépendance extérieure par le moyen des armées et des négociations, on a vu que, généralement parlant, celui qui possède le plus est aussi le plus intéressé à l'indépendance de la nation et à sa tranquillité intérieure. Mais lorsque, dans une branche donnée de dépenses de l'Etat, on peut frapper sans inconvénient ceux qui principalement la rendent nécessaire, dès-lors la règle générale doit faire place à une règle plus juste, et chacun doit acquitter les frais dont il est la cause. C'est ainsi que les ports de lettres doivent être acquittés par ceux qui les reçoivent, que l'entretien des routes doit être à la charge des voyageurs, que les frais de justice civile devroient être acquittés autant que possible par ceux qui ont des procès, que, quoiqu'en dise une opinion passagère, les frais de la justice criminelle devroient être acquittés en partie par les criminels, et que les frais de police devroient peser principalement sur les vices, sur les besoins factices et sur le luxe; car ce sont les vices, l'oisiveté et le luxe qui troublent le plus la tranquillité intérieure de l'Etat.

Si ce principe a quelque solidité, peut-on révoquer en doute que l'entretien des colonies, au lieu d'être payé sur la masse commune des contributions, ne dût peser tout entier sur les denrées coloniales, afin d'atteindre les consommateurs de ces denrées, leurs producteurs, et ceux qui s'enrichissent dans ce trafic?

Si tel avoit été le but des métropoles en établissant le commerce exclusif, comme vous semblez le supposer, je serois d'accord avec vous qu'on se seroit trompé; car d'un côté les droits de douane, en pareil cas, étant destinés à l'entretien des colonies, il étoit pour le moins indifférent que ces droits fussent acquittés dans les colonies mêmes ou dans les entrepôts de la métropole, et d'un autre côté il est clair que la liberté de commerce, favorisant les exportations des colonies, elle auroit augmenté dans la même proportion les produits des douanes.

Mais cette manière de trouver des fautes, en faisant des suppositions gratuites, n'appartient qu'à vous, M. l'Abbé, et ma logique me défend de l'adopter. Enfin, si la liberté ou l'exclusif sont indifférens par rapport aux intérêts du fisc, il me semble vous avoir prouvé qu'ils ne le sont pas du tout par rapport à la sûreté des colonies, et aux justes intérêts des métropoles.

Si je ne suis pas pour la liberté illimitée du

commerce colonial, ne croyez pas au moins que je tienne à un exclusif absolu. Je pense qu'entre les deux extrêmes il est plus d'un juste milieu, et qu'on pourroit trouver des tempéramens qui concilieroient la plus grande prospérité des colonies avec les justes droits des métropoles.

Ne m'étant pas permis de prendre l'initiative sur une matière aussi délicate, il ne me reste plus rien à vous dire, sur cet objet.

J'ai l'honneur d'être, etc.

L'Orient, ce 1.er octobre 1817.

VII.e LETTRE.

MONSIEUR L'ABBÉ,

COMME jusqu'ici j'ai suivi article par article l'examen de votre ouvrage, parvenu au chapitre 12.e je devrois dire un mot au sujet de l'esclavage.

Mais mon système est de ne jamais parler que des choses que j'ai examinées par moi-même et que je crois bien connoître; et quoique j'aie parcouru la plupart des établissemens européens dans les Grandes Indes, et que j'aie traversé tout le continent d'Amérique, je n'ai fait que passer aux Antilles, et je n'ai jamais été ni au Brésil ni sur la côte de Terre-Ferme. Ces trois derniers pays étant, pour ainsi dire, les seules colonies à esclaves, (car dans l'intérieur de l'Amérique, dans toute la Nouvelle Espagne, dans une grande partie du Chili et du Pérou, et dans les Grandes Indes, tous les travaux se font par des hommes libres) vous sentez bien que la question de l'esclavage ne m'est connue que par le peu que j'en ai lu ou entendu dire.

Or, je ne veux pas m'ériger en censeur, lorsque je ne puis pas baser mes raisonnemens sur des observations faites par moi-même. Du reste, les nations et les gouvernemens ne manquent jamais de conseillers officieux.

Je pourrois bien vous donner quelques aperçus généraux. Je vous dirois, par exemple, que l'esclavage est le plus grand abus du pouvoir qui ait jamais existé ; qu'il est aussi horrible dans ses effets que dans son principe ; qu'on ne sauroit en trouver l'origine que dans les abus qui se seront introduits graduellement dans le traitement des prisonniers, sur-tout dans des temps où l'on faisoit souvent la guerre à des peuples nomades, de qui on ne pouvoit retirer

autre

autre chose, autre dédommagement que des services personnels, et qui étant eux-mêmes cruels et féroces, justifioient en quelque sorte la cruauté des vainqueurs. Que les lois sont venues ensuite à l'appui du plus fort, et que par la sanction qu'elles ont donnée à ces abus elles ont créé le véritable esclavage. Que ses effets immédiats sont de démoraliser le maître et l'esclave. Que l'esclave n'ayant rien à espérer, ne pouvant rien acquérir, étant lui-même d'après l'expression des juristes une chose et non une personne, c'est-à-dire un objet que le maître peut détruire en tout ou en partie quand il lui plaira, et sans être obligé d'en rendre compte à personne; n'ayant par conséquent à lui ni ses membres, ni sa santé, ni sa vie, car tout cela peut lui être enlevé à volonté; un être pareil doit méconnoître tout sentiment moral, doit se considérer en guerre ouverte avec le genre humain; ce n'est pas un homme, c'est une bête féroce entre les mains de l'homme : si d'un autre côté, ce n'est pas profaner ce nom que de l'appliquer à un maître, qui à son tour n'étant tenu à rien envers son esclave, et dont les intérêts sont en opposition permanente avec la morale, doit par la force de l'habitude et de l'exemple perdre son plus beau droit à l'humanité, qui est cette espèce d'électricité morale, ce sentiment naturel qui nous fait souffrir en voyant souffrir.

A cela, je pourrois ajouter que l'esclavage dont nous venons de voir le portrait n'est pas celui des Antilles, et qu'il y a de la mauvaise foi, ou tout au moins de la mauvaise logique, à déduire pour les nègres d'aujourd'hui des conséquences tirées de l'esclavage des républiques de Rome ou de Sparte. Que le nègre qu'on nomme esclave en Amérique, particulièrement celui des colonies espagnoles, n'est point esclave dans la vraie acception du mot, puisqu'il est considéré comme personne et non comme chose. Que sa vie, sa santé, et tout son être physique et moral sont sous la protection de la loi. Que le maître n'en a point la propriété absolue, mais simplement un usufruit borné et modéré par les lois. Que l'immoralité et les mauvais traitemens de la part du maître, ou de quelqu'un de la famille, lui donnent le droit de se faire déclarer libre par les tribunaux, sans que le maître puisse réclamer le prix d'achat ni un dédommagement quelconque. Qu'il est si peu la propriété du maître, qu'il peut lui-même acquérir des propriétés. Qu'il a des jours libres où il peut travailler pour son propre compte, et que sitôt que par son application et ses économies, il a amassé une certaine somme fixée par la loi, il peut se racheter lui-même sans que le maître puisse faire valoir l'exception d'en avoir payé davantage. Que son maître ne peut point l'empêcher de se marier. Enfin, que ce n'est point un esclave, mais un véritable domestique, engagé sous de certaines conditions, telles qu'un homme libre a lui-même la capacité d'en contracter (*). Je ne vois guère de différence entre ce que les lois d'Angleterre et des Etats-Unis appellent *an apprentice*, et ce que les lois espagnoles appellent *un esclavo*.

Si vous trouviez encore une pareille condition trop dure, et que vous jugeassiez qu'on pût l'adoucir davantage, ce seroit une raison de plus pour vous dire que je ne vois pas en quoi la morale ou la politique pourroient être blessées par l'augmentation d'une pareille classe d'hommes, et par conséquent, que les raisons qu'on oppose contre la traite des nègres ne sont pas aussi concluantes qu'elles le paroissent au premier abord.

Je pourrois vous dire que, tout en convenant avec les colons que les colonies ne peuvent

(*) Voyez la note n.° 22.

se passer de nègres, je conviens aussi avec les *amis* de ces derniers, que l'intérêt ne peut jamais autoriser la violation des principes de l'humanité, et même je n'hésiterois pas, dussé-je me compromettre avec les victimes de 1793, de dire avec Brissot : *périssent les colonies plutôt que les principes*, si ces principes étoient effectivement ceux de la saine morale. Mais comme il n'en est pas ainsi, et que le sort des nègres (je parle toujours des colonies espagnoles) n'est pas si déplorable qu'on veut le persuader, il me semble que les prétendus amis des nègres feroient mieux d'imiter les Espagnols dans ce qu'ils ont de bon, que de s'ériger en nouveaux Don Quichote, et de vouloir redresser des torts qui ne les touchent point. Je vous dirois encore que je rends justice aux intentions de ceux qui agissent de la sorte; je suis loin d'attribuer leur conduite à une hypocrisie intéressée; je les crois fanatiques de bonne foi. Que le mot ne vous étonne point, vous savez qu'il y a plus d'une espèce de fanatisme. Cependant je n'en suis pas moins étonné de voir qu'ils s'occupent, non du sort des nègres, mais de la traite des nègres.

Seroit-ce effectivement un trafic aussi inhumain qu'on veut nous le faire croire? La morale seroit-elle bien blessée de ce qu'on va racheter des prisonniers voués à une mort certaine, pour les rendre d'abord à la vie, et les faire passer ensuite de l'état barbare à l'état social? Car vous ne l'ignorez pas; on ne garde les prisonniers sur la côte de Guinée que dans l'espoir de les vendre, et on les égorge lorsque les Européens ne vont pas les acheter. Même en supposant qu'ils ne seroient point égorgés, est-ce que la vie sauvage et errante a tant d'attraits parmi les amis des noirs, qu'ils la croient préférable à l'état de domesticité paisible où sont les nègres des colonies espagnoles ? Le produit incertain de la chasse, les fruits sauvages, sont-ils préférables à la nourriture grossière, si vous voulez, mais saine, uniforme et assurée qu'ils trouvent dans les colonies? Souffriroient-ils moins de l'intempérie des saisons, vivant tous nus sur les plages arides de l'Afrique, qu'étant habillés, couverts et soignés dans les plantations américaines? Croit-on qu'ils pourroient espérer de vivre mieux ou de parvenir à un âge plus avancé?

D'après M. de Humboldt (*), la mortalité des nègres de l'île de Cuba est de sept pour cent par an. Plusieurs colons m'ont assuré, et j'ai

(*) Essai polit. liv. II, chap. 7.

tout lieu de croire que la mortalité, prise dans une longue suite d'années, n'est pas aussi considérable; mais en adoptant cette donnée, toute exagérée qu'elle paroisse, puisqu'elle est prise sur quatre années (de 1799 à 1805) d'une importation extraordinaire, où il étoit mort quantité de nègres non acclimatés, et défrichant de nouveaux terrains, on trouve cependant que sur 1000 nègres ayant atteint l'âge de vingt ans, il y en a 234 qui parviendront à l'âge de quarante, 55 qui deviendront sexagénaires, et 13 qui sont destinés à devenir octogénaires (*). Alors, je vous prierois de me dire si la nécrologie des indigènes, habitant les côtes et même les zones tempérées de l'Amérique; si même celle de plusieurs pays de l'Europe offre des résultats plus favorables. Je ne vous demanderois pas si, dans l'état sauvage, la mortalité n'auroit pas été plus grande, car pour cela il faudroit ignorer que parmi les sauvages, la génération marche plus vite que dans les pays civilisés, et que cependant la population y est toujours rare. Je ne vous demanderois pas non plus si parmi les Européens transplantés aux colonies, et jouissant de toute sorte de commodités, la mortalité

(*) Voy. le tableau qui est à la fin des notes, au n.° 32.

n'est pas plus forte que de sept pour cent : pour cela, il faudroit ignorer ce que c'est que la fièvre jaune, les ravages qu'elle fait sur les Européens, et qu'elle ne s'attache presque jamais aux nègres.

Si vous me disiez que ce n'est pas l'humanité qui vous fait écrire, mais la politique; que ce n'est pas en faveur des noirs, mais en faveur des blancs que vous prêchez; que les nègres, en travaillant aux plantations, creusent en même temps le tombeau de leurs maîtres; et que tôt ou tard ces derniers seront victimes de leur imprudence par l'insurrection générale des noirs qui ne sauroit manquer d'arriver; alors je vous dirois que vous avez raison si vous supposez un esclavage dur et perpétuel; que vous avez tort si le cas est différent; et que j'espère que vos prédictions ne s'accompliront point, parce que j'aime à supposer que les Européens donneront une direction plus sage à leur philantropie; qu'ils imiteront la douceur des Espagnols envers leurs nègres; qu'ils rendront leurs chaînes moins pesantes; qu'ils faciliteront aux esclaves les moyens de s'affranchir, aux affranchis les moyens d'acquérir des propriétés, et conséquemment des esclaves; et que par ce dernier moyen ils se feront des alliés sûrs et extrêmement utiles de ceux-mêmes qui pourroient être leurs ennemis.

Je pourrois vous dire toutes ces chosés-là, et bien d'autres; mais arrivé à l'essentiel, lorsqu'il s'agira de ce que les possesseurs de Cuba et de la Jamaïque, du Brésil et de Terre-Ferme doivent faire chez eux ou entr'eux par rapport aux nègres; lorsqu'il s'agira du sort futur de Saint-Domingue, je m'en tiendrai toujours à mon scepticisme, et je garderai le silence le plus respectueux.

J'ai l'honneur d'être, etc.

L'Orient, le 5 octobre 1817.

VIII.e LETTRE.

Monsieur l'Abbé,

Depuis le 13.e jusqu'au 19.e chapitre inclusivement, vous vous exprimez d'une manière si vague, qu'on ne sauroit y trouver, pour ainsi dire, ni des vérités, ni des erreurs. Cette assertion pourra vous paroître un peu dure, mais songez que dans votre ouvrage on ne doit considérer que les vérités ou les erreurs qui ont un rapport immédiat avec ce que le monde civilisé a à craindre ou à espérer des colonies, et avec le parti qu'il doit prendre en conséquence. Tout le reste peut être bien savant et bien éloquent, mais il n'en est pas moins déplacé, et conséquemment inutile.

Votre 16.e chapitre, le plus beau peut-être que vous ayez jamais fait, est une philippique très-éloquente pour prouver que

Le trident de Neptune est le sceptre du monde;

que l'Angleterre s'est emparée de ce sceptre de fer, et qu'elle tient le reste du globe sous sa dépendance. Mais après nous avoir indiqué le mal, il falloit nous prescrire le remède; il falloit nous dire si c'est l'indépendance des colonies qui doit briser ce sceptre. A dire vrai, il étoit un peu difficile de vous tirer d'affaire; car comment concilier ces deux idées auxquelles vous paroissez tenir fermement? 1.° que toutes les colonies doivent se séparer de leurs métropoles; 2.° que toute colonie qui se sépare de sa métropole devient, par le fait, la propriété de l'Angleterre (*). Voilà l'inconvénient des systèmes.

(*) Voyez les 94 articles que M. l'Abbé appelle principes constitutifs de l'ordre colonial, et sur-tout les art. 30, 31 et suivans, chap. 9, pag. 201.

Vos chapitres 13 et 14 se réduisent à dire que tous les peuples du monde n'ont fait que des contresens et des bévues dans l'administration de leurs colonies d'Amérique. Quand tout cela seroit vrai, j'aurai l'honneur de vous faire observer qu'il ne s'agit point de ce qui a été fait, mais de ce qui reste à faire; car c'est de la politique, et non de l'histoire que vous nous avez promis, et l'histoire peut bien éclairer la politique, mais elle ne doit jamais la chasser de son poste. D'ailleurs, toutes ces récriminations sur le passé sont aussi odieuses qu'inutiles. J'ai dit quand tout cela seroit vrai, car je crois m'être aperçu que vous avez puisé dans de mauvaises sources, et que vous ignorez tout-à-fait ce qui s'est passé lors de la conquête des deux continens de l'Amérique.

J'aurai bientôt l'occasion de vous en dire un mot.

Enfin tous ces hors-d'œuvre, M. l'Abbé, commençoient à me paroître un peu longs, lorsque vous m'avez mis à mon aise en disant, dans le chapitre 21, que tout ce qui le précède *n'est, pour ainsi dire, que le préliminaire de cette grande question : Que doit faire l'Espagne ?*

Je puis donc fermer l'oreille à toutes vos

belles déclamations, et aller tout droit à la *grande question*.

Cependant une chose m'arrête, c'est votre congrès colonial (*); car enfin, avant de dire ce que l'Espagne doit faire, il faut connoître ce que l'Espagne peut faire, et savoir au juste si, comme autrefois, l'Europe se soulevera en masse à la voix de l'hermite Pierre, et si M. l'Abbé marchera à la tête d'une nouvelle croisade pour arranger le monde à son gré. Je croirois offenser les princes et les gouvernemens européens en donnant la chose comme possible; mais comme en fait d'opinions chacun a la sienne, il faut tout examiner si l'on veut persuader tout le monde.

C'est donc votre congrès colonial qui va maintenant nous occuper. Jusqu'ici je n'avois pas cru devoir entrer dans cette question, et, tout en convenant avec vous (**) que l'Amérique ne pouvoit être pacifiée sans l'intervention de l'Europe, et que l'abandonner à elle-même, vu les passions opposées des différentes castes et des différens partis, seroit la vouer à une exter-

(*) Des Colonies. Chap. 20 et 22.

(**) Voyez la 1.re Lettre.

mination totale, tout en convenant, dis-je, de l'intervention nécessaire de l'Europe, je n'ai pas voulu déterminer le sens précis que j'attachois au mot d'Europe. Je n'ai pas voulu décider avant qu'il en fût temps, si l'Europe avoit des droits en commun sur l'Amérique, ou si chaque puissance européenne avoit des droits exclusivement à la partie du sol américain qu'elle avoit toujours légitimement possédée; si l'Espagne pouvoit se mêler du gouvernement intérieur des possessions anglaises, et l'Angleterre en faire de même par rapport aux colonies espagnoles; les Danois prescrire des lois à la Martinique, les Français à Java, et les Hollandais à Santa-Cruz; ou bien si le droit de propriété devoit être respecté, en sorte que chacun restât le maître chez soi. Je n'ai pas voulu, vous dis-je, décider comme vous à *priori*, et à l'aide de quelques phrases, une question de droit public qui m'a semblé mériter un examen plus approfondi, et devoir être précédée de l'éclaircissement de quelques autres points.

A présent, permettez-moi d'entrer en matière, et que, dans l'analyse de votre plan, je commence par examiner les droits pour en venir ensuite aux convenances.

Vous commencez encore par des récriminations sur le passé (c'est là votre tactique), et après avoir, en moraliste sévère, adressé des reproches à tous les princes et à tous les gouvernemens du dernier siècle (*), vous établissez le principe que *des convenances politiques ne constituent pas des droits*, et que *s'il en étoit autrement, le monde flotteroit sans régulateur certain, sans guide assuré, reconnu par tous, également utile à tous* (**). Qui auroit pu deviner que la conclusion de tout cela est que l'Angleterre a le *droit* de soutenir les rebelles de l'Amérique, parce que la rebellion lui procure un commerce de deux cents millions (***), et que cela *s'applique également aux autres Etats de l'Europe, ainsi qu'aux Etats-Unis, qui tous ont pris part au riche commerce de l'Amérique* (****); par la raison que si *l'Amérique espagnole appartient à l'Espagne, les effets nécessaires de l'Amérique espagnole, et les conséquences qui en découlent appartiennent à tout le monde* (*****)?

(*) Des Colonies. Tom. II, pag. 216 et suiv.

(**) *Ibid.* pag. 219.

(***) *Ibid.* pag. 225.

(****) *Ibid.* pag. 226.

(*****) *Ibid.* pag. 221.

Nous voilà donc *flottant* de nouveau *sans régulateur certain, sans guide assuré, reconnu par tous, également utile à tous.* Ce régulateur, et ce guide que vous appelez *justice* (*), prend encore d'autres titres selon les différentes fonctions qu'il exerce. De particulier à particulier, il s'appelle *droit naturel*, et ses conséquences, sitôt qu'elles sont mutuellement reconnues, forment *le droit positif ou civil :* de nation à nation, il s'appelle *droit des gens ou droit public*, selon qu'il est dénué ou revêtu de stipulations diplomatiques. Il est toujours une émanation pure et simple de ce principe, que pour conserver ma propriété, fruit de mon travail ou de mon bonheur, il faut que je respecte la propriété des autres, fruit de leur travail ou de leur bonheur. Les droits de cession, de permutation, de succession, la fixation des limites, la prescription ne sont que des corollaires du même théorème. Chez un peuple civilisé qui a des magistrats établis, ceux-là sont les gardiens et les conservateurs de ces droits : dans une peuplade non policée, tout citoyen est magistrat, et l'infraction à ces droits n'en sera pas moins punie; ce droit de propriété, fondé sur l'utilité

(*) Des Colonies. Tom. II, pag. 219.

de tous et de chacun, est si facilement reconnu, que celui qui l'enfreindra sera aussitôt poursuivi par la foule (*) : la propriété est respectée même dans une bande de voleurs, et la police s'y fait ordinairement avec plus de sévérité que par-tout ailleurs.

De nation à nation, la nécessité de respecter la propriété n'en est pas moins sentie de tous, et si quelquefois le plus fort ose enfreindre cette loi universelle, ce n'est pas sans péril pour lui ; car tôt ou tard il devient le plus foible, et la haine qu'il a excitée n'en éclate pas moins pour avoir été concentrée. Il n'y a pas de magistrat pour punir les crimes qu'une nation se permet envers une autre ; mais tous les gouvernemens le deviennent, parce que tous sentent la nécessité de protéger le foible s'ils veulent être protégés à leur tour. C'est alors qu'on voit se former ces redoutables jurys, qu'on appelle des coalitions. Le criminel, en continuant à abuser de sa force et de sa prépondérance, en subornant quelques jurés, peut bien en ajourner la décision ; mais il ne sauroit casser le tribunal, et tôt ou tard la sentence fatale est portée contre lui. Si la force l'a protégé quelque temps, ses ressorts ont aussi

(*) Voyez la note n.° 23.

perdu leur élasticité par l'usage même qu'il en a fait, et plus ses efforts ont été violens, plutôt il est tombé dans l'épuisement.

Voilà la leçon qu'une nation prépondérante ne doit jamais oublier, et ce n'est pas lorsqu'ils viennent d'en donner un exemple si frappant, qu'on peut accuser les monarques de méconnoître ces principes. Non, M. l'Abbé, vos sermons ne parviendront pas à changer la nature des choses ; ce qui est blanc restera blanc, et si la lumière réfléchit différemment dans vos yeux, nous n'en continuerons pas moins à y voir avec les nôtres.

La légitimité, ce principe sacré, hors duquel on ne trouve que le cahos et la confusion ; la légitimité qui n'est peut-être qu'un droit originaire affermi par la prescription ; la légitimité, dis-je, est heureusement la base du nouveau droit public des Européens.

Voyons si l'Espagne a quelques droits bien légitimes sur le continent de l'Amérique.

Je ne pense pas d'abord que les autres puissances Européennes, et encore moins les Etats-Unis, puissent lui disputer le *droit de premier occupant*. Les mânes des Colomb, des Ojéda, des Guerra, des Yañez, des Bastida, des Léon, des Balboa, des Cordoba, des Grijalba, des Cortès,

Cortès, des Magellan, des Pizarro, des Soto, des Loaiza, des Legaspi, et de mille autres leur en donneroient le démenti.

On conviendra, j'espère, que les Espagnols ont pris possession de l'Amérique de bonne foi, et d'après un principe qui dans ce siècle-là étoit universellement reconnu; personne ne leur a disputé ce droit dans le temps, et ils ont joui pendant plus de trois siècles de la possession tranquille de ces pays : or, il me semble que la possession tranquille et de bonne foi, pendant trois siècles, est plus que suffisante pour établir le *droit de prescription :* droit qu'il faut respecter, si on ne veut pas *flotter sans régulateur certain, sans guide assuré.*

Les puissances européennes ne peuvent disputer à l'Espagne aucun droit sur le continent d'Amérique. Pourroient-elles, usant du droit de protéger le foible contre le fort, se déclarer juges entre l'Espagne et les Américains? Il faudroit pour cela changer tous les principes reconnus, proscrire la légitimité, abolir la prescription, déclarer nul le droit de céder, de stipuler, de faire la paix; et laisser un champ toujours ouvert aux plaintes, aux réclamations, aux rebellions. Ce seroit une étrange manière de protéger le foible que d'enlever toutes ces garanties, qui n'ont été inventées qu'en sa faveur, pour ne laisser subsister que le droit du plus fort. Mais qui ne voit pas l'absurdité d'une coalition qui se formeroit en méconnoissant la sainteté des engagemens, qui stipuleroit la nullité des stipulations, et qui dicteroit la paix, en déclarant par le fait même qu'on peut continuer toujours la guerre?

Quand toutes les puissances, qui ont reconnu pendant trois siècles la souveraineté du roi d'Espagne sur l'Amérique, s'arrogeroient maintenant le droit de juger les différends survenus entre lui et ses sujets, quels sont ces sujets qui peuvent disputer à l'Espagne la souveraineté du continent américain?

Ce ne seront certainement pas les créoles, soit qu'ils se prétendent descendans de ceux qui l'ont découverte et conquise, au nom, et sous la protection de l'Espagne; soit qu'ils tirent leur origine des Espagnols, qui, à la faveur de ce nom, ont été y chercher leur fortune. Ceux-là ne peuvent avoir aucun titre, autre que celui de sujets de l'Espagne, et toute prétention contraire de leur part est une rebellion ouverte.

Voyons si les indigènes, parmi lesquels j'ai l'honneur de me compter, n'auroient pas quelques droits à faire valoir.

Les Espagnols, en abordant sur les côtes américaines, les ont trouvées ou tout-à-fait désertes ou habitées par des peuples nomades qui ne cultivant pas la terre, et n'ayant aucune espèce de propriété fixe, n'avoient aucun droit d'empêcher un autre peuple de s'y établir : tous leurs droits étoient personnels, le pays ne pouvoit leur appartenir; et cette opinion est tellement reconnue par tous les publicistes, que je crois inutile de la démontrer. On en peut dire autant de la plupart des pays de l'intérieur, de tout ce qui est au nord et au nord-est du Mexique et de tout ce qui est au sud et à l'est du Pérou. Il n'y avoit de civilisé que le plateau d'Anahuac et l'Empire des Incas. Sur ces deux pays, les Espagnols ne peuvent pas prétendre au droit du premier occupant. Non seulement nos ancêtres cultivoient la terre et les arts, mais ils étoient parvenus à un point de civilisation beaucoup plus avancé qu'on ne le croit communément. Les premiers Espagnols ont été frappés de la perfection de plusieurs manufactures, comme la porcelaine et l'orfévrerie, dans un temps, il est vrai, où les arts n'avoient pas fait encore de grands progrès en Europe. Aujourd'hui même que le perfectionnement et le bon marché des manufactures européennes ont fait tomber celles du pays, le voyageur est étonné à chaque instant de l'adresse des naturels dans plusieurs objets mécaniques. Les Astèques et les Péruviens étoient très-avancés dans l'architecture, dans l'hydraulique, dans la mécanique, dans la géographie et dans l'astronomie. On est encore saisi d'admiration à la vue de ces pyramides colossales, de ces mausolées, de ces théocalli, quoique la cupidité des vainqueurs en ait ruiné la plupart, et sans doute les plus beaux, pour y chercher des trésors enfouis. L'un et l'autre peuple connoissoient l'arithmétique, et avoient un calendrier plus parfait que celui des Romains.

Mais si l'Espagne ne peut pas disputer à ces deux peuples le droit de premier occupant, on ne lui disputera pas celui de conquête, si la conquête peut donner des droits.

Je ne me prévaudrai ni de la sanction donnée à ce droit, ni des exemples que je trouverois par toute l'Europe : il s'agit de raison et non d'autorité, ni d'exemples.

Le droit de vider par les armes les différens qui s'élèvent de puissance à puissance, est le code de procédure admis, et le seul admissible dans le droit public. Si la guerre est injuste, les autres puissances peuvent y faire opposition ; si elles ne s'y opposent point, elles en sanctionnent les motifs.

Le droit de guerre emporte nécessairement le droit de faire la paix, et l'obligation d'y tenir, sans quoi la guerre ne se termineroit que par l'extermination du plus foible. Si la guerre est la procédure, le traité de paix est la sentence définitive, et cette sentence est légitimée par l'accession ou par le silence des autres puissances. Or, cette accession générale des puissances est plus que suffisante pour constituer un droit, et ce droit s'appelle *droit de conquête*, puisque ce n'est pas l'invasion, mais la pacification qui fait la conquête.

Les Espagnols, ce me semble, peuvent bien faire valoir ce droit sur le continent d'Amérique.

Mais quand la conquête ne donneroit pas des droits, elle donneroit toujours la possession, laquelle deviendroit elle-même un droit par la prescription, voile sacré qui couvre toutes les imperfections d'un premier titre, gouvernail indispensable pour ne pas *flotter sans régulateur certain, sans guide assuré*.

Mais les Espagnols ont encore sur l'Amérique un droit bien plus respectable : celui du bienfait, celui de la reconnoissance.

Je ne ferai point valoir les titres que pourroient leur donner l'introduction du christianisme et de la civilisation européenne, la suppression des sacrifices humains, et l'ouverture des communications avec l'ancien monde; je ne rappellerai pas non plus ce que j'ai eu l'honneur de vous dire dans ma 6.e lettre (*) pour vous prouver que les améliorations que l'Espagne a faites sur l'Amérique à ses frais et risques la constituent un pays entièrement nouveau, méconnoissable à côté de l'ancien, et qui, vu la disproportion entre le fond primitif et ces améliorations, en font un monde de sa création, et lui appartenant par le plus sacré de tous les titres.

Le nouveau droit que je prétends attribuer à l'Espagne sur mon pays natal vient d'une autre source, et c'est dans l'histoire de la conquête qu'il faut le puiser : histoire que vous ne connoissez peut-être pas, M. l'Abbé, et permettez-moi de vous le dire : je crois m'apercevoir que vous n'avez guère d'autre guide que Raynal, auteur très-éloquent, mais un de ces philosophes qui s'imaginent qu'on peut devenir savant

---

(*) Page 84.

par inspiration, et enseigner ce qu'on n'a jamais appris.

Tous ceux qui n'ont pas puisé dans les sources originales, ou qui n'y ont pas apporté un esprit d'observation et d'impartialité, s'imaginent d'un côté un peuple lâche et efféminé, combattant en masse, mais tout nu, sans aucune arme défensive, et avec des armes offensives qui ne peuvent faire aucun mal à l'ennemi qu'il a en face, fuyant à son approche, le craignant comme une divinité malfaisante, tremblant au bruit du tonnerre qu'il croit dans ses mains, et ne lui opposant aucune ruse de guerre. De l'autre côté, ils s'imaginent une poignée d'hommes tous couverts de fer, conséquemment à l'abri des coups de l'ennemi; abondamment pourvus d'armes à feu; offensant sans pouvoir être offensés; n'ayant besoin ni de précautions, ni de ruses, ni de se faire des alliés par leur bonne conduite. Ils font ainsi du peuple américain un être tout-à-fait nul, afin de pouvoir refuser au conquérant les talens, la discipline et même le courage. Cependant il n'y a pas dans tout cela une seule donnée qui ne soit fausse.

Naturellement vous exigerez que je prouve mon assertion, et que je vous fasse voir comment les Cortès et les Pizarro peuvent avoir des droits à la reconnoissance du peuple américain.

Je vais me rendre à vos désirs, et je commencerai par le Pérou.

Lorsque François Pizarro porta ses armes dans cette contrée, le sang royal des Incas avoit coulé sous le fer d'un usurpateur; la race mâle de Manco Capac n'existoit plus (*), et Atahuallpa étoit assis sur son trône sanglant.

Le respect pour la légitimité, ainsi que l'horreur du crime n'étoient pas des sentimens étrangers dans le cœur des Péruviens. La haine contre l'usurpateur, et le désir de la vengeance l'emportant sur toute autre considération, l'étendard espagnol n'a pas plutôt flotté sur leurs terres, que les fidèles Péruviens se sont ralliés autour de lui, regardant les Espagnols comme des êtres envoyés du ciel pour les venger et pour les délivrer d'une tyrannie qu'ils abhorroient. Dès ce moment, Pizarro a eu pour alliés tous les partisans de la légitimité, et pour ennemis l'usurpateur et ses satellites. Ceux-ci avoient pour eux la force de la possession et de l'organisation; mais ils ne pouvoient pas compter sur l'opinion publique, hors de laquelle il n'est point de véritable force. C'est ainsi qu'Atahuallpa, malgré des armées immenses qui lui

(*) Voyez la note n.° 24.

étoient dévouées, poursuivi moins encore par le courage indomptable des Espagnols, que par la haine du peuple, perdit son trône et sa vie, laissant après lui un nom, qui aujourd'hui même est en horreur chez tous les indigènes.

Ceux des Indiens qui, secondant les Espagnols, et secondés par eux, combattoient ainsi contre l'usurpateur, ne pouvoient pas avoir en vue la restauration de la dynastie primitive qui n'existoit plus. La vénération que les Péruviens portoient à cette dynastie, dont l'origine se perdoit dans la nuit des temps, et se mêloit à des traditions religieuses; ce respect des Péruviens pour le sang royal étoit d'une telle nature, que jamais aucun des Curacas ou Princes du pays ne se seroit cru digne de lui succéder; et que si quelqu'un avoit pu concevoir une pareille idée, son vœu sacrilége auroit trouvé sa punition dans l'horreur qu'il auroit excitée contre lui; puisque Atahuallpa lui-même n'étoit monté sur le trône qu'en qualité de bâtard de la famille royale (*). Ce dernier ayant forfait ses droits, il ne se trouvoit personne pour le remplacer (**). Sans les

(*) Voyez la note n.° 25.

(**) Voyez la note n.° 26.

Espagnols, probablement, les Curacas se seroient déclarés indépendans; des ligues se seroient formées, et une guerre civile interminable auroit replongé les Péruviens dans la barbarie, d'où les Incas les avoient tirés.

Un grand monarque séparé d'eux par l'immensité des mers; un monarque qui ne se présente à eux qu'en idée, et conséquemment avec tous les prestiges d'une imagination enflammée par le désir du changement et par la soif de la vengeance; un monarque dont ces hommes extraordinaires à longue barbe et à un courage irrésistible ne se nomment cependant que les très-humbles sujets; un monarque qui envoie une armée *exprès* pour les venger (car vous devez sentir que Pizarro en homme habile profitoit de tout); un monarque pareil étoit bien fait pour éteindre toutes les ambitions, et concilier tous les esprits en sa faveur. Voilà ce qui a rendu unanime la soumission des Péruviens à la couronne d'Espagne.

Une tradition, dont Pizarro sut profiter adroitement, a contribué encore à cette mémorable transaction. Tous les auteurs contemporains s'accordent à dire que la race des Incas, non seulement avoit le teint plus blanc ou moins cuivré que les autres Indiens, mais qu'elle différoit essentiellement dans les traits du visage. Aussi se prétendoient-ils originaires d'un pays lointain; ils avoient été conduits par le soleil, c'est-à-dire qu'ils étoient venus du côté de l'orient, et c'étoit un point de doctrine incontestable que, lorsque leur dynastie seroit éteinte, un prince de leur race viendroit lui succéder. Les Espagnols venoient aussi du côté de l'orient, leurs traits répondoient assez à la tradition, l'habileté de Pizarro fit le reste.

Passons maintenant au Mexique.

Le grand plateau d'Anahuac étoit occupé par différens princes, et par quelques républiques qui s'étoient toujours gouvernés d'une manière indépendante. Ayant imprudemment donné asile dans des marais inhabités à un peuple guerrier et sans industrie, qui venoit des régions du Nord, ils virent se former au milieu d'eux une nation tout-à-fait militaire, gouvernée par un prince absolu, qui, par des alliances successives, et s'aidant des uns contre les autres, parvint à les soumettre tous à son empire. Il ne restoit guère que quelques pays éloignés et la célèbre république de Tlascala, qui eussent conservé leur indépendance : tout le reste se courboit sous le joug des Mexicains, lorsque le grand Cortès (*) débarqua à la Vera-Cruz.

Instruit de ce qui se passoit, et prévoyant la répugnance avec laquelle toutes ces nations nouvellement soumises porteroient le joug de Montézuma, Cortès forme le projet hardi de soumettre à Charles V le plateau d'Anahnac, et d'en faire une nouvelle Espagne.

Sous prétexte que quelques-uns des navires qui l'avoient conduit n'étoient plus en état de servir, et qu'il falloit profiter du fer et des autres agrès, en attendant qu'il lui vînt du secours des îles; mais réellement pour mettre ses compagnons d'armes dans la nécessité de vaincre ou de mourir, en leur ôtant tout espoir de retraite; il fait brûler toute la flotte, excepté un seul bâtiment qu'il envoie en Espagne avec des dépêches.

Il songe immédiatement à en imposer aux Mexicains par l'étalage de ses forces. Quelques vassaux de Montézuma, après l'avoir reçu en amis, lui

(*) Il est digne de remarque que c'est une seule famille qui a soumis aux souverains de l'Espagne les deux Amériques. La mère de Ferdinand Cortès étoit de la famille des Pizarro.

Cortès n'aura pas besoin d'apologie. Tout ce qu'on pourroit dire à son éloge est au dessous de son mérite.

ont refusé des vivres, lui ont tendu des piéges, et ontvoulu l'attaquer par surprise ; il les attaque à son tour, et leur fait voir la supériorité de la discipline européenne sur la bravoure individuelle des Américains.

Dès que la réputation de ses armes est établie, il demande une entrevue avec Montézuma, disant que c'est-là l'objet unique pour lequel il est venu, et qu'il a des choses très-importantes à communiquer à l'empereur du Mexique de la part de l'empereur Charles V.

Montézuma, à qui rien n'avoit résisté jusqu'alors, est terrifié d'une pareille demande. N'ayant jamais connu d'autre appui que la force armée, il se voit perdu, dès que les armes espagnoles commencent à révoquer en doute sa toute puissance.

Cependant il est possible qu'une résistance franche et ouverte l'eût encore sauvé ; surtout si, abdiquant ses principes de despotisme, et son projet avoué de monarchie universelle, il avoit eu le courage de faire un appel aux peuples, de les rassurer sur l'avenir, et de les intéresser à défendre d'un commun accord les libertés du continent américain. Cortès auroit peut-être hésité de traverser avec une poignée d'hommes des montagnes deux fois plus hautes et plus escarpées que le Mont Saint-Bernard, pour aller s'enfermer dans un lac, où on pouvoit facilement lui couper la retraite. Mais le courage de la franchise ne fut guère le partage des usurpateurs: Montézuma, qui a opprimé la liberté de tous les peuples, craint avec raison que ces mêmes peuples n'appellent les Espagnols à leur secours, et ne se soulèvent l'un après l'autre. Dans sa perplexité, il ne prend que des demi-mesures; au premier échec, il perd la tête, et ne fait depuis lors que courir de faute en faute et d'abîme en abîme. Enfin, Montézuma donna la première représentation du grand drame, dont un autre usurpateur vient de nous donner la reprise.

Dissimulé et faux par habitude, il tâche de gagner par l'intrigue ce qu'il croit lui manquer de force réelle, et il envoie émissaire sur émissaire, et présent sur présent, pour suborner le général, et l'engager à se rembarquer; mais Cortès, que ces émissaires et ces présens ne font qu'affermir davantage dans son projet, persiste toujours sur l'article de l'entrevue, et parvient finalement avec tout son monde au palais de Montézuma.

Chemin faisant, il a reçu la soumission de plusieurs petits princes, et sur-tout il a contracté une alliance durable avec l'imposante république de Tlascala, l'ennemie irréconciliable de l'empire mexicain. Il a traversé encore la grande république de Cholula qui, ancienne alliée de Tlascala, venoit de faire sa soumission à Montézuma. Il a trouvé le moyen de réconcilier les Cholultèques avec les Tlascaltèques, en les séparant des Mexicains, qui, sous le nom d'alliés et de protecteurs, étoient leurs véritables maîtres (*).

Logé et fortifié dans un palais, non loin de celui de Montézuma, Cortès ne fait d'abord que des ouvertures vagues sur la grandeur et la puissance de Charles-Quint, à qui, dit-il, les plus grands princes se croient honorés de pouvoir rendre hommage, et qui l'a envoyé, ajoute-t-il, pour instruire Montézuma, l'éclairer sur quelques erreurs, et réformer plusieurs abus de son peuple. C'est-à-dire qu'il adoucit les termes, mais n'en déclare pas moins que l'empire du Mexique est subordonné à celui de Charles-Quint, et dans la dépendance.

Cependant Montézuma, qui n'ose pas en appeler aux chances d'une insurrection, seul moyen qui pût le sauver, dissimule, tâche de

---

(*) Voyez la note n.º 27.

gagner du temps, et agit sourdement auprès de ses vassaux. A son instigation, le prince ou cacique de Nauthla a égorgé les Espagnols qui étoient restés dans ses Etats. Cortès, avec la hardiesse et la franchise qui le caractérisent, demande à Montézuma lui-même la punition du cacique et de ses complices, et Montézuma a la lâcheté de lui livrer ces serviteurs, dont le crime est de lui avoir obéi, et qui sont jugés et punis de mort sur la place même de Mexico.

Montézuma fait plus encore. Voyant que le sceptre lui échappe des mains, il tâche de le conserver pendant sa vie aux dépens de ses successeurs. Il réunit solemnellement ses principaux vassaux et les grands officiers de son empire, et fondé sur une tradition populaire qui portoit *que ses ancêtres avoient usurpé la couronne pendant l'absence du souverain légitime, et que ce souverain, retiré dans des pays lointains, leur avoit dit en prophétie qu'un de ses descendans viendroit reprendre son empire,* il croit ou feint de croire que Charles-Quint est ce descendant, et, comme par voie de transaction, il le déclare et le fait reconnoître son successeur après sa mort. Il est possible que cette transaction ne fût qu'une perfidie de plus de la part de Montézuma; il ne se proposoit

proposoit peut-être que d'éloigner Cortès, qui n'auroit plus aucun prétexte pour prolonger son séjour, et qui effectivement avoit promis de s'en retourner.

Une insurrection populaire tire Cortès de ce premier embarras, pour le plonger dans un autre bien plus terrible. Les principaux chefs des Mexicains déclarent Montézuma déchu de son trône, et le tuent dès qu'il se présente à eux pour les haranguer. Une populace effrénée attaque les Espagnols de toutes parts; et ceux-ci, cernés par des armées immenses, se trouvent enfermés dans une ville située au milieu d'un grand lac, manquant de vivres, et ne pouvant opérer leur retraite que par une chaussée fort étroite, de quelques lieues de longueur, et où les Mexicains, après en avoir coupé les ponts, ont élevé des retranchemens.

Cortès, qui étoit la prévoyance même, avoit bien fait construire d'avance quatre grandes barques; mais les Mexicains les ont brûlées pendant une absence qu'il a faite.

Ce seroit m'écarter de mon sujet que de décrire par quels traits de courage et par quelles inventions ingénieuses, adaptées à un genre d'attaque tout nouveau et à des circonstances imprévues, Cortès opéra sa retraite devant des centaines de milliers d'hommes armés. Il y perdit les trois-quarts de son monde : de quinze cents hommes il en sauva à peine quatre cents. Pour surcroît de malheur, la plupart de ses nouveaux alliés le voyant foible commençoient à foiblir aussi, et à négocier leur raccommodement avec les Mexicains. La république de Tlascala seule fut inébranlable dans son alliance, comme elle étoit irréconciliable avec le despotisme militaire des Mexicains.

Rien n'est capable d'ébranler la constance de Cortès; au milieu de ses malheurs, il songe à faire la conquête de l'empire qu'il n'a pu soumettre par des voies pacifiques, ou plutôt qui s'est révolté après sa soumission. Un courage si héroïque, et l'adresse qu'il met dans ses négociations, lui rendent l'un après l'autre tous ses alliés, et lui en amènent chaque jour de nouveaux au grand désespoir des Mexicains, qui voyent leurs sujets devenir leurs ennemis les plus acharnés.

Par des soins incroyables Cortès maintient l'harmonie entre tant de nations ci-devant ennemies, et différant entre elles de langage et de mœurs; surmontant toute sorte de difficultés, tantôt par force, tantôt par adresse, il emporte les points les plus avantageux, tourne les autres, se rend maître de la campagne et parvient à enfermer les Mexicains dans leur capitale. Il s'empare des trois chaussées qui communiquent de Mexico à la terre-ferme, et il coupe les aqueducs qui portent l'eau douce dans la capitale (l'eau du lac n'étant pas potable). Il fait construire à Tlascala treize brigantins, il les fait transporter en pièces par huit mille Indiens, à travers des montagnes presqu'inaccessibles; et creusant depuis Tesaïco un large canal, il parvient à les voir flotter sur le grand lac. C'est par leur moyen qu'il protège les opérations de l'armée de terre, qu'il porte chaque jour le feu dans Mexico, qu'il coule à fond des milliers de canots qui couvroient le lac, et parvient à détruire toute communication avec la terre-ferme.

Cortès pousse alors les Mexicains de retranchement en retranchement, comble les ponts et les canaux dont il se rend maître; forcé de les abandonner chaque soir, il les reprend le lendemain en surmontant des difficultés toujours nouvelles (*), et par son activité il rend impuissans les efforts d'un ennemi infatigable, qui

(*) Voyez la note n.° 28.

se vantoit d'avoir vingt-cinq mille hommes contre chaque Espagnol (*).

Voyant l'obstination des Mexicains, qui ne vouloient écouter aucune proposition de paix, Cortès prend la résolution d'abattre une à une toutes les maisons dont il s'emparera, et de combler les canaux avec les décombres. Par ce moyen il aura plus d'espace pour faire agir sa cavallerie, rapprochera ses quartiers, et serrant de plus près les Mexicains, les forcera peut-être à la paix par la crainte d'une destruction totale. Cette résolution, que Cortès ne prit qu'à regret, fut reçue avec une joie extrême par tous les peuples alliés, qui s'étant fait une habitude de craindre la prépondérance des Mexicains, croyoient qu'on ne viendroit à bout de l'empire qu'en détruisant la superbe capitale qui en faisoit la gloire, et qui étoit le centre et le foyer de sa force morale et physique.

Enfin, après avoir vu détruire la plus grande partie de leur ville, après trois mois de combats continuels, après avoir souffert toutes les horreurs de la famine, de la soif, et des maladies, avec une constance et un héroïsme dont on ne trouveroit ni le modèle ni la copie que chez

(*) Cortès. Lettre I.re §. 42.

les Espagnols eux-mêmes, héroïsme qui égale peut-être tout ce qu'on nous raconte de Numance, de Sagonte, de Girone, et de Saragosse; les restes mourans de l'armée Mexicaine, fermes comme le premier jour, et sourds à toutes propositions de paix, sont pris d'assaut dans leur dernier retranchement avec leur empereur Huatimozin.

Par quels moyens une poignée d'Espagnols, qui ne se montoit qu'à six cent soixante-trois hommes lors de leur premier débarquement, et qui n'a jamais été au-delà de quinze cents, a-t-elle pu opérer tant de prodiges?

Est-ce par la supériorité des armes?

Il n'est pas vrai que les Indiens manquassent d'armes défensives, ni que les Espagnols fussent tout couverts de fer. *Les Espagnols*, dit Herrera, (Dec. 2. Liv. 6, Chap. 6,) *adoptèrent les cuirasses ouatées* (*) *des Tlascaltèques qui étoient plus utiles et plus commodes : ils se servirent aussi des boucliers des Indiens qui valoient mieux parce qu'ils ne se fendoient point* (**).

La supériorité des armes offensives me sem-

(*) On les appeloit *escaupiles*.

(**) Voyez la note n.° 29.

ble aussi avoir été beaucoup exagérée. Lorsque Cortès eut à combattre, non des Indiens, mais des Espagnols comme lui, (je parle de l'affaire de Narvaez) alors *il adopta de préférence les lances des Indiens de Chinantla, qui étoient de cinq pieds plus longues que celles des Espagnols*, dit encore Herrera (Dec. 2. l. 9. c. 21.)

La supériorité proviendroit-elle des armes à feu ? Cortès n'avoit que 13 fusils lorsqu'il débarqua à la Véracruz; il n'en avoit que 38 lors du siége de Mexico. Il eut encore treize petites pièces de campagne. Voilà à quoi se réduit tout cet imposant étalage des armes à feu auxquelles on veut attribuer la conquête du Mexique (*).

Mais le bruit de ces armes, a dit quelqu'un, répandoit la terreur parmi les Indiens, qui les regardoient comme une chose surnaturelle, comme la foudre du ciel que ces étrangers faisoient tomber à leur gré. Ceci put être vrai le premier jour; mais n'eurent-ils pas tout le temps de revenir de leur première erreur? D'ailleurs, ne sait-on pas au contraire qu'ils se jettoient furieux sur les pièces de canon, et qu'ils en prirent même quelques-unes ?

(*) Voyez la note n.º 30.

Ce n'est pas aux bouches à feu que Bernal Diaz, acteur lui-même dans la scène qu'il décrit, attribue une grande supériorité sur les armes indiennes; c'est aux épées, la seule arme dont la plus grande partie de l'infanterie fit usage. Il prétend que celles des Indiens, appelées *macanas*, étoient trop lourdes et difficiles à manier, en sorte que les Espagnols, exercés comme ils l'étoient, leur donnoient plusieurs coups d'épée avant d'avoir reçu un coup de *macana*. Mais aussi, il vous dit qu'un coup de *macana*, armées, comme elles l'étoient, d'un large tranchant en pierre aiguisée, étoit presque toujours mortel (*).

Parlera-t-on de la cavalerie? Cortès n'eut jamais plus de 86 chevaux, nombre qui fut bientôt considérablement réduit. Qu'on se rappelle d'ailleurs les chaussées étroites sur lesquelles on avançoit, les rues encombrées dans lesquelles on combattoit, et on sera convaincu que cette arme ne pouvoit lui être que d'une médiocre utilité.

Maintenant, je le demande à tout homme de bonne foi, de si foibles moyens auroient-ils

(*) Voyez la note n.° 31.

pu balancer l'immense supériorité du nombre, qui étoit au moins de cinq mille contre un (*)?

Comment donc les Espagnols ont-ils pu opérer un tel prodige? C'est qu'ils avoient pour eux l'opinion générale des Américains; c'est qu'ils agissoient pour le peuple et avec le peuple : c'est qu'ils n'étoient que l'ame de cette immense confédération armée contre la tyrannie des Mexicains; c'est que Cortès, à ces 900 Espagnols, eut le talent et le bonheur d'ajouter deux cent mille alliés, constamment sous les armes, et quatre ou cinq fois autant qui, laissés pour ainsi dire en réserve, étoient toujours prêts à marcher au premier ordre.

Les Espagnols, au Mexique comme au Pérou, agirent donc plutôt en libérateurs qu'en conquérans, et s'ils firent une véritable conquête, ce fut celle des cœurs. La soumission qu'ils ont reçue de tous les peuples fut volontaire, fut l'effet de la conviction, et non celui de la violence, fut le résultat de leur supériorité morale, et non de leur supériorité physique.

L'Espagne a donc sur l'Amérique, outre les

(*) Les Mexicains, comme nous l'avons vu plus haut, calculoient sur 25,000 contre 1. J'ai cru pouvoir réduire ce nombre au cinquième.

droits de premier occupant, d'établissement, et de conquête, le droit sacré d'une cession volontaire, acquise au titre onéreux d'avoir arraché le pays à la tyrannie la plus atroce : droit indubitablement le plus glorieux, comme le plus respectable.

Les indigènes, et encore moins les créoles, ne peuvent disputer aux Espagnols aucun de ces titres, qui d'ailleurs ont reçu la sanction du temps par une prescription de trois siècles.

L'Europe, le Brésil, les Etats-Unis, loin d'avoir aucun droit à troubler l'Espagne dans la possession de ses colonies, sont dans le devoir indispensable d'empêcher que cette possession ne soit troublée, et que l'intérêt particulier, l'intérêt du moment, ne l'emporte sur les intérêts permanens, sur l'intérêt général; de s'opposer à ce que le moindre secours direct ou indirect ne soit prêté à une révolte scandaleuse; et même de soutenir de toutes leurs forces les droits de l'Espagne, si leur assistance étoit requise.

Pour méconnoître ces devoirs, il faudroit renoncer à tous les principes du droit public, qui font la base de la stabilité et de l'indépendance des nations.

La question des droits ayant été résolue, il

nous reste à examiner les convenances. Mais qu'est-ce que des convenances qui sont en opposition avec des droits, puisque les droits ne sont eux-mêmes que le résultat, ou pour mieux dire, l'expression des convenances mutuelles, des convenances du plus grand nombre? Quelle est la nation, qui pour un intérêt passager voudra se servir d'une arme qui peut-être facilement tournée contre elle, et se priver d'un bouclier qui seul peut garantir son existence? L'intérêt de tous est la conservation des droits de chacun, et ce seroit calomnier la sagesse des gouvernemens, que de croire qu'ils peuvent se départir jamais d'un tel principe.

Je puis répondre maintenant à votre *grande question* : QUE DOIT FAIRE L'ESPAGNE ?

Ce que l'Espagne doit faire, est de conserver la possession pleine et entière de ses colonies. Ce n'est pas seulement un droit, c'est encore un devoir de sa part. Les enfans d'Amérique lui tendent les bras, et réclament une seconde fois leur délivrance. « C'est la totalité des indigènes, » lui disent-ils, c'est la presque totalité des » créoles eux-mêmes, qui vous adressent leurs » plaintes, et qui réclament votre protection.

» Après nous avoir délivrés de la tyrannie des » Atahuallpa, et des Huatimozin, nous laisse-

» riez-vous gémir sous le joug non moins pesant, et beaucoup plus odieux, de quelques démagogues, sans considération, sans fortune, sans rien qui puisse les attacher au pays dont ils se disent les représentans? Forts de notre foiblesse, ils disposent de nos fortunes en faveur des brigands qui les suivent; ils soulèvent l'esclave contre le maître, le fils contre le père, et sapent tous les fondemens de l'ordre social; de cet ordre qui faisoit notre prospérité, qui faisoit la vôtre, qui faisoit celle de toute l'Europe, partageant avec vous les productions de notre sol. Non contens de nous opprimer, ils nous calomnient, et à la faveur de quelques mots imposans, à la faveur de ces *congrès généraux*, composés de *cinq ou six personnes*, à la faveur de ces *comités de gouvernement*, dont l'autorité souvent ne dépasse pas l'enceinte d'une ville, ils font passer pour le vœu général des Américains les délires de leur ambition personnelle. Les Américains les désavouent : les Américains sont amis de l'ordre, ils connoissent les vues secrètes de ceux qui les agitent, et par-dessus tout, ils sont fiers d'appartenir à une nation dont la gloire ne fut jamais disputée, et qui vient d'en

» relever l'éclat, en brisant la première un
» sceptre de fer qui opprimoit l'Europe, et me-
» naçoit la liberté du monde entier ».

Consolez-vous, Américains fidèles, l'Espagne entend vos gémissemens, et tourne vers vous ses regards maternels; la race de nos premiers libérateurs n'est pas éteinte, il nous reste encore des Ferdinand et des Isabelle, qui fondent leur gloire sur notre bonheur, et bientôt vous n'aurez plus à redouter, ni la rapacité des anarchistes, ni les calomnies de leurs partisans. Les Artigas disparoîtront, et les faiseurs de brochures seront condamnés au silence.

Monsieur l'Abbé, ma tâche est finie, et j'ai l'honneur de vous saluer.

L'Orient, le 5 décembre 1817.

P. S. Comme le reste de votre ouvrage ne contient que des prédictions, et que je n'ai pas reçu du ciel le don de prophétie, je laisse à mes neveux le soin de vous répondre.

NOTES.

NOTE I.re

Les soi-disant colonies espagnoles ne sont pas des colonies proprement dites. (Let. I.re p. 4.)

Les possessions espagnoles d'Amérique sont classées par M. de Hogendorp parmi les colonies mixtes. Il auroit dû y classer également les îles Philippines, ou au moins l'île de Luçon, qui ne diffère pas essentiellement des possessions américaines. Les Marianes, qu'il oublie, avec les Bisayes et les Batanes, appartiennent à la classe des possessions territoriales. M. Noël place l'Amérique espagnole parmi les possessions territoriales, ce qui ne contredit pas tout-à-fait la savante classification de M. de Hogendorp. Les possessions espagnoles du Nouveau-Monde appartiennent à la classe des colonies, en ce qu'elles contiennent une population originaire d'Espagne; et elles appartiennent aussi aux possessions territoriales, en ce que les peuples indigènes se sont soumis dès le commencement à la domination espagnole, et ont adopté la religion, et jusqu'à un certain point, les mœurs et la langue des Espagnols : voilà pourquoi M. de Hogendorp les nomme avec beaucoup de justesse colonies mixtes.

(Voyez le *Système colonial de la France*, par M. de Hogendorp, et l'*Amérique espagnole*, par M. S. B. J. Noël.)

NOTE II.

Les créoles étoient les plus riches et les plus éclairés. (Let. Ire, p. 5.)

Mon intention n'est pas de compter tous les créoles parmi les insurgés, mais tous les insurgés parmi les créoles. Je suis encore plus éloigné d'y compter les plus riches et les plus éclairés d'entre eux. En Amérique, comme par-tout ailleurs, ceux qui ont quelque chose à perdre n'aiment pas les changemens, et sur-tout les changemens violens. Je veux seulement faire entendre que la classe des plus riches et des plus éclairés, c'est-à-dire celle des créoles, est la seule à laquelle on puisse supposer des vues d'ambition, et que c'est elle par conséquent que les démagogues s'efforcent de gagner pour dominer toutes les autres ; ce qui leur est d'autant plus facile que, sortis de la même classe, les liens de parenté et d'amitié leur donnent des appuis, même parmi ceux qui n'adoptent pas leurs principes, et qui, dans le fond du cœur, restent fidèles à leur devoir.

NOTE III.

Ils seroient la proie (les indigènes) de la première poignée d'Européens qui se présenteroit. (Let. Ire, p. 7.)

J'ai eu à ce sujet une conversation très-intéressante avec un prêtre indien, de beaucoup d'esprit, et qui ne manquoit pas de connoissances. Je suis très-fâché d'avoir oublié son nom ; j'eus le plaisir de dîner avec lui à Bigan, au nord de l'île de Luçon, où il étoit vicaire général de l'évêque. *L'indépendance*, me dit-il, *nous flatteroit aussi si nous la croyions possible ; mais nous sommes assez sages pour en sentir l'impossibilité. Nous connoissons notre position, nous voyons bien que nous ne sommes pas en état de nous gouverner par nous-mêmes, et que toute tentative d'indépendance aboutiroit à nous soumettre aux Anglais. Or, nous préférons notre sort actuel, avec toutes ses imperfections, à celui que nous voyons partager aux autres peuples asiatiques.*

NOTE IV.

Que fera-t-on de toutes les autres castes? Les égalera-t-on aux blancs? Cela ne pourroit produire aucun effet durable. (Let. Ire, p. 8.)

Cependant les lois espagnoles ont toujours déclaré les naturels du pays *égaux en tout aux autres sujets de la couronne de Castille*; mais ce qui n'est pas sans inconvénient sous le gouvernement royal, seroit absolument impraticable dans toute autre supposition, sur-tout si cette égalité absolue s'étendoit aux noirs et aux castes mêlées.

NOTE V.

Il négligera le travail à mesure que le travail lui rendra moins. (Let. II, p. 20.)

Ce que l'expérience fait voir, la raison le démontre; c'est-à-dire que ce laboureur qui, dans le cas proposé, néglige le travail machinalement et comme par instinct, n'agiroit pas autrement s'il étoit capable de suivre les calculs de l'économie politique. Les produits de l'agriculture ne sont pas, comme ceux de l'industrie, le résultat uniquement du travail de l'homme; la nature, c'est-à-dire la terre même, y est pour quelque chose, puisqu'elle produit spontanément. Voilà pourquoi la terre donne une rente au propriétaire qui ne la cultive point lui-même. Tout ce que la terre produit par dessus la rente est le fruit du travail, ou l'intérêt du capital employé dans la culture. Or, si nous supposons les efforts de la nature comme 1, et un travail ordinaire comme 2, nous aurons un produit comme 3; si ensuite nous doublons le travail, nous aurons 4, qui, réuni aux efforts de la nature représentés par 1, nous donnera un produit comme 5.

Il

Il s'ensuit que si 2, travail ordinaire, me donne 3, et 4, travail double, ne me donne que 5, j'ai un avantage à ne placer que 2. Ce calcul est d'autant plus juste que, reporté ensuite à l'individu, 2, travail ordinaire, peut être considéré comme égal à zéro, puisqu'il n'est qu'un exercice utile, un moyen de se conserver fort et robuste, un remède contre l'ennui; et qu'au contraire 4, travail extraordinaire, est toujours 4, puisqu'il est une véritable fatigue qui ne peut se soutenir que par le contre-poids des jouissances, ou par l'espoir de faire quelques épargnes pour la vieillesse.

Sous le nom de travail j'ai compris le capital, et parce que le capital peut être considéré comme l'accumulation ou le fruit d'un travail antérieur, et parce que je ne voulois pas m'égarer dans un calcul trop compliqué. J'ai donc supposé que la même personne qui travailloit la terre en étoit le propriétaire et faisoit toutes les avances. Si nous supposons que le propriétaire fait travailler au lieu de travailler lui-même, nous aurons un résultat pareil. Si sur la même terre il faisoit travailler un double nombre de journaliers, il ne doubleroit pas les produits; car l'augmentation des produits seroit tout au plus proportionnée à l'augmentation des agens productifs; et ces agens productifs ne sont pas seulement le travail de l'homme, mais encore la faculté productive que la terre tient de la nature.

Si précédemment le produit étoit comme trois, 1 seulement représentoit cette faculté naturelle, et les 2 restans étoient le prix du travail. Le nombre des journaliers étant doublé, le prix du travail sera bien représenté par 4; mais les facultés naturelles de la terre continueront à être représentées par 1. Conséquemment dans le premier cas le produit total étoit 3, dans le second il sera 5 : mais dans l'un et l'autre cas le revenu du propriétaire est le même, car l'excédant du produit a été consommé par l'excédant des frais. Ne retirant pas un produit proportionné de ses nouvelles avances et de ses nouveaux soins, il aimera mieux, comme on dit, manger son capital et en tirer du plaisir, que l'employer sans utilité pour lui.

Nous pouvons donc continuer à considérer que c'est la même personne qui travaille la terre, qui fait les avances et qui en est le propriétaire, puisque le résultat que nous cherchons sera toujours le même.

Jusqu'ici 3 et 5 ne me donnent que des produits de la terre et pas des valeurs; ce sont par exemple des mesures de blé ou des barriques de vin : cependant c'est la valeur que nous cherchons, car nous n'avons doublé le travail que pour augmenter les valeurs, c'est-à-dire pour nous procurer avec une plus grande quantité de fruits, un plus grand nombre des objets d'industrie dont nous avons besoin.

Mais l'augmentation des produits, lorsque les difficultés de s'en procurer le débit sont les mêmes, ne fait qu'avilir les prix ; et vous vous rappelez que ces difficultés consistent principalement en ce que tous les arts nécessaires ne pouvant pas exister dans chaque endroit, il faut bien transporter les fruits de l'agriculture, de la maison du laboureur qui les produit, à celle de l'artisan qui les consomme, du village où se cueille le blé et où se fait le vin, à la ville où se fabrique le drap, où se font les couteaux, où on forge le fer, où l'on tanne les cuirs. Si nous supposions que le débit sera le même, une double récolte feroit baisser les prix juste de moitié, et alors avec ce double produit vous ne vous procureriez ni plus, ni moins d'objets d'échange. Cependant comme la baisse des prix amènera toujours un plus grand débit, cette baisse elle-même ne sera pas si forte qu'elle auroit été sans cela. D'un autre côté il faut bien que cette baisse existe, car ce plus grand débit n'est principalement dû qu'à cette baisse qui, diminuant le prix d'achat, permet d'augmenter les frais de transport et d'aller chercher l'industrie de l'artisan dans une contrée plus éloignée.

Or, en calculant toutes ces différentes données, nous supposerons que la vente a été telle que les prix n'ont baissé que d'un cinquième, et c'est là dessus que nous fonderons notre calcul. 5 nous représentoit le produit d'un travail ordinaire, salutaire et agréable; 5 nous représentoit le produit d'un travail double, fatiguant et insupportable, s'il n'est pas compensé. Faisons que ces mêmes quantités nous représentent des valeurs. Dans ce cas-là, 3 restera toujours le même, mais 5 aura à souffrir la soustraction d'un cinquième de sa valeur, puisque c'est d'un cinquième que les prix sont baissés. Or, le cinquième de 5 est 1, par conséquent nous avons 5—1=4; lequel comparé à 3, produit de la première supposition, ne l'excède que de 1/3. Un tiers de plus est donc la compensation d'un travail double, supposé que la baisse des prix ne soit que de 1/5. D'après le même calcul, nous verrions que si la baisse au lieu de 1/5 avoit été de 1/3, le travail double n'auroit donné que 1/9.

Faisons le même calcul d'une manière moins abstraite. Un travail ordinaire nous donnoit 3 mesures quelconques de produits de la terre, nous les vendions, je suppose, à 30 fr. chacune, ce qui nous donnoit au bout de l'an 90 francs. Depuis que nous avons adopté le travail double, nous avons 5 de ces mesures au lieu de 3; mais les prix ont baissé d'un cinquième et ce n'est plus à 30 fr. que nous les vendons, mais à 24 fr. et nous avons un produit annuel de 120 fr. au lieu de 90 fr. c'est-à-dire un tiers de plus.

Un tiers de plus est donc tout le fruit de cette fatigue extraordinaire que s'est donné le malheureux paysan en doublant son travail ; encore en supposant la baisse presque insensible. Que seroit-ce si la baisse ayant été d'un tiers, au lieu de 24 fr. il n'avoit pu en retirer que 20 fr. ? Il auroit eu au bout de l'année un total de 100 fr., c'est-à-dire 10 fr. de plus sur 90 fr. qu'il avoit presque sans peine; car il ne faut pas l'oublier, un travail modéré est salutaire et même agréable; au lieu qu'un travail accablant a besoin de compensations pour être supporté.

NOTE VI.

Ni des bornes que la nature a mises à l'accroissement de l'espèce humaine. (Let. II, p. 21.)

L'auteur de la nature semble s'être reposé après avoir créé l'esprit humain. Semblable à ces maîtres qui jettent les premiers traits d'un tableau et font continuer l'ouvrage à leurs élèves, il paroît ne présenter à l'homme que la moitié de la création et lui confier le soin de faire le reste. Comme s'il eût craint son indolence en même temps qu'il vouloit aiguiser son industrie, il a été extrêmement prodigue dans les moyens de reproduction, et il n'a mis d'autres bornes à l'accroissement que les moyens de subsistance. Examinons la nature dans toutes ses parties, et nous verrons qu'il n'y a pas de plante qui ne donne infiniment plus de germes que la sève n'est capable d'en nourrir; infiniment plus de fleurs qu'il ne vient à mûrir de fruits. Trouvez le moyen d'augmenter la sève, et vous augmenterez les fruits dans la même proportion. Il n'y a pas de femelle qui n'ait dans ses ovaires une infinité d'êtres qui n'attendent que la semence pour se développer. Le germe et la nourriture, voilà les seules bornes de la production.

Une femme robuste et bien nourrie est en état de procréer depuis seize jusqu'à quarante ans. En supposant une couche par an, elle nous donneroit 24 enfans, ce qui, à chaque génération, multiplieroit par 12 la population existante : progression tellement forte, qu'en peu de générations le monde se trouveroit trop petit.

Qu'est-ce qui arrête donc cette progression étonnante qui, au bout de deux siècles feroit naître d'un seul mariage 859,963,392 enfans ? L'impossibilité de les nourrir, le défaut des subsistances qui en empêche de naître une grande partie, et qui en étouffe une bien plus grande avant qu'elle ait pris son accroissement.

Mais n'y a-t-il pas encore d'autres causes ? Oui, et nous les examinerons une à une.

1°. D'abord l'impuissance naturelle. Elle est très-peu influante. Il n'y a pas une femme sur mille, peut-être pas sur un million, qui, bien nourrie, soit impropre à la génération.

2°. Les lois sur le mariage, c'est-à-dire la monogamie, l'indissolubilité. On ne s'aperçoit pas que cette cause soit extrêmement influante. On ne s'aperçoit pas que les pays où ces lois existent en soient guère moins peuplés par rapport aux autres. Si l'on me cite la Chine, je citerai le reste de l'Asie, je citerai l'Afrique, ou je demanderai pourquoi ne pas attribuer la population de la Chine à la facilité de la nourrir, ou à l'absence de la guerre, des maladies contagieuses et du luxe.

3°. Voyons si le luxe et la coquetterie n'influeroient pas davantage. Ils empêchent bien des mariages, ils étouffent bien des enfans par les désordres qu'ils entraînent, et on seroit tenté de leur attribuer une grande influence. Cependant le luxe n'agit que sur les grandes villes ; la nature est plus forte dans les villages et dans les campagnes ; et les habitans des grandes villes, même en y ajoutant les ordres religieux, les armées, les employés et les solliciteurs, composent une très-petite partie de la population.

4.° La guerre, la peste, les médecins. D'abord, les médecins font partie du luxe, ils ne sont forts que dans les grandes villes ; même là, ils sont comme les loups, ils n'atteignent guère que ceux qui vont les chercher dans leurs repaires. La peste est rare, et presque toujours partielle, et la poudre enlève moins de monde qu'on ne pense ; la guerre la plus désastreuse qui ait jamais existé, accompagnée encore d'une famine horrible, n'a pas enlevé à l'Espagne un vingtième de sa population.

5.° La dentition, les convulsions, la petite vérole, et toutes les autres maladies que la nourriture la plus saine et les plus grands soins ne sauroient entièrement prévenir. Cette cause est beaucoup plus influante. Antérieurement à la découverte de la vaccine, ces fléaux réunis emportoient un tiers de la génération avant qu'elle eût atteint la virilité.

Etablissons là-dessus nos calculs.

Supposons 100 hommes et 100 femmes. Nous aurons. . . . . 200 person.

Donnons à l'impuissance et au célibat un dixième, ce qui est déjà fort au dessus de la réalité; car cela supposeroit deux millions et demi de célibataires en France : c'est-à-dire plus que n'en contiennent ensemble toutes les villes au dessus de 10,000 ames. Or, un dixième donne. . . . . 20 person.

Restent pour la production. . . . 180 person.

Ou mariages. 90

J'avois dit tantôt qu'une femme saine et robuste pouvoit accoucher jusqu'à 24 fois; mais je ne veux pas que ce sexe charmant se plaigne de ce que je lui impose une tâche trop pénible. Je suis beaucoup moins exigeant, et je me borne à supposer que de 90 mariages, il y en aura 10 qui me donneront chacun 9 couches, 10 autres qui ne m'en donneront que 8; et ainsi de 10 en 10, en diminuant toujours d'un, je parviendrai aux 10 derniers qui ne m'en donneront que 1.

Nous aurons par conséquent :

10 mariages à 9 couches. . .	90 enfans.
10 mariages à 8 couches. . .	80
10 mariages à 7 couches. . .	70
10 mariages à 6 couches. . .	60
10 mariages à 5 couches. . .	50
10 mariages à 4 couches. . .	40
10 mariages à 3 couches. . .	30
10 mariages à 2 couches. . .	20
10 mariages à 1 couche. . . .	10
Les 90 mariages nous donnent. . .	450 enfans.

Si l'on réfléchit qu'il ne s'agit point d'enfans élevés et grandis, mais seulement d'enfans accouchés, on verra que je n'exagère pas mes calculs.

Une quantité de ces enfans va être moissonnée, malgré que je les sup-

De l'autre part. . . . 450 enfans.

pose tous bien nourris et bien soignés; mais viennent la dentition, les spasmes, la petite vérole, la rougeole, les chutes et les malheurs imprévus. Je suppose que tout cela nous enlève un tiers, ce qui, sur 450, fait. . . . 150 enfans.

Il nous reste encore. . . . . 300 enfans, qui vont croître et grandir.

Mais d'autres maux les attendent dans leur jeunesse, et avant qu'ils soient parvenus à l'âge où, pouvant se reproduire, ils renouvelleroient notre calcul. Or, je donne aux balles et aux pillules, aux coups de sabre et aux coups de bistouri, un sixième de cette jeunesse, ce qui fait. . . . . 50 enfans.

Par conséquent 200 personnes, tant hommes que femmes, et déduction faite des effets du célibat et des maux de toute espèce, nous donnent en dernier résultat. . . . . 250 jeunes gens en état de se reproduire, et de servir de base à un nouveau calcul. Il résulte de cela, qu'au bout d'une génération, la population aura augmenté de 1/4, ou dans la raison de 4 : 5.

Si nous établissons une progression là dessus,

en prenant pour base un million de personnes, c'est-à-dire 500,000 hommes et autant de femmes, et en supposant la génération de 25 ans, nous aurons à la première génération 1,250,000 ames; à la seconde génération 1,562,500 ames; à la troisième 1,953,125 ames; à la quatrième, c'est-à-dire au bout d'un siècle, 2,441,406 ames. En suivant toujours la même progression, nous aurions au bout de deux siècles près de 6 millions, au bout de trois siècles 14 millions et demi; un siècle plus tard 35 millions et demi; et enfin, au bout de mille ans, le premier million nous donneroit 7 milliards 523 millions; c'est-à-dire 42 fois plus que l'Europe entière n'est censée en contenir. En supposant à l'Europe, du temps de Charlemagne, seulement 50 millions d'habitans, elle devroit en contenir aujourd'hui au-delà de 376 milliards, c'est-à-dire 2000 fois plus qu'elle n'en contient.

D'où vient donc cette énorme différence? Aurois-je exagéré les données de mon calcul? Mais le contraire est évident, puisqu'en supposant que tout le monde vit de son travail, que tous les ouvriers trouvent de quoi vivre, et que conséquemment, ils sont portés par un double attrait à se choisir une compagne; j'ai porté cependant le célibat à un dixième : lorsque dans les pays les plus corrompus, là, où le nombre excessif de la classe oiseuse rend plus difficile de trouver de l'emploi et diminue le prix du travail ; là où mille causes contribuent à rendre le célibat désirable, honorable, quelquefois nécessaire ; là, dis-je, le célibat ne se porte pas à un vingtième.

J'ai porté le maximum des naissances à 9 par famille, le minimum à 1, terme moyen 5. Qu'on veuille consulter l'expérience, et on verra que je n'ai pas exagéré.

J'ai supposé qu'il en mourroit d'abord un tiers, et puis encore un sixième ; en sorte que ceux qui n'auroient donné l'être qu'à un enfant, seroient réduits à pleurer sur sa tombe ; ceux qui en auroient vu naître deux ou trois, n'en conserveroient qu'un pour leur consolation, et ainsi progressivement jusqu'aux plus heureux auxquels il n'en resteroit que quatre ou cinq. Qu'on n'oublie pas que j'ai supposé des parens heureux, vivant honorablement de leur travail, se trouvant en état de nourrir leurs enfans, et doublement intéressés à leur conservation, puisque trouvant de l'ouvrage, sitôt qu'ils auront des forces, ces enfans deviendront un appui de leur vieillesse. Si l'on n'oublie pas ces considérations, on verra que si j'ai exagéré, ce n'est pas en ma faveur.

Enfin, mon dernier résultat est une augmentation de 1/4, ou en raison de 4 à 5 ; lorsque Franklin, cité par M. de Pradt (pag. 353), fait doubler celle des Etats-Unis, ou la quote en raison de 4 : 8.

Encore, Franklin ne donne que 22 ans pour période de chaque régénération, et moi je l'étends à un quart de siècle, ce qui ralentit ma progression.

Une nouvelle preuve en faveur de mon calcul est, qu'en faisant des suppositions qui ne se sont encore réalisées dans aucun pays de l'Europe, je n'ai présenté que le tableau de ce qui est arrivé en Espagne depuis l'entrée des Bourbons. Effectivement, nous avons vu qu'à la troisième génération la population seroit presque doublée. Or, à la paix d'Utrecht, en 1713, l'Espagne ne comptoit que 6 millions; à la mort de Charles III, en 1788, sa population étoit de 12 millions, c'est-à-dire qu'elle avoit exactement doublé, dans l'espace de 75 ans, ou juste de trois générations.

D'où vient cependant que l'expérience des siècles nous présente la population des empires à peu près stationnaire? Il faut bien que nous ayons oublié quelque donnée. Nous ne l'avons pas oubliée, nous l'avons mise de côté tout exprès; parce que nous avons supposé un pays heureux, un pays où tous les êtres ayant des bras suivroient le précepte de la Génèse, de manger le pain à la sueur de leur front, et où par conséquent la terre récompenseroit les soins qu'on lui donneroit.

Nous n'avons pas compté les enfans qui mourront dans les bras de leurs mères, après avoir tenté inutilement de tirer leur nourriture d'un sein que la famine et un travail trop pénible auront desséché. Nous n'avons pas compté ceux qui mourront par suite du malaise et des mauvais traitemens qu'ils essuyeront des parens, chez qui le désespoir et la misère auront étouffé les sentimens de la nature. Nous n'avons pas compté ceux qui, mal nourris dès leur naissance, auront contracté une telle foiblesse de poitrine, qu'ils finiront par une consomption au moment même où ils devroient se régénérer. Nous n'avons pas compté ceux du sexe, que la détresse et la difficulté de pourvoir par des moyens honnêtes à leur subsistance, et quelquefois même à celle de leurs parens, rendront victimes de la séduction. Nous avons fait semblant d'oublier que tous les extrêmes se touchent, et que la meurtrière débauche n'est pas compagne moins inséparable de la misère que de l'opulence. J'ai encore passé sous silence, que des enfans dont les parens trouvent à peine de quoi vivre, et qui, aux efforts de la fatigue ont encore besoin d'ajouter l'humiliation de demander le travail comme une grace particulière, et qui, véritables serfs de la glèbe, n'obtiennent ce travail de la part de leurs protecteurs, que comme une espèce de récompense de leur attachement habituel et de leurs services passés; que les enfans de tels parens ne peuvent pas songer de bonne heure à former un nouveau ménage; et dans l'impossibilité de trouver de l'emploi par eux-mêmes, il faut qu'ils attendent que la mort ou la vieillesse de leurs parens fasse retomber sur eux cette espèce de droit dont ils jouissent à la bienveillance de leurs protecteurs et de leurs pratiques. Or, pendant que tant de jeunes gens attendent ce genre d'héritage pour pouvoir se placer, et qu'ils l'attendent dans la misère; les ciseaux de la parque ne restent pas oisifs, et une partie de ce peuple choisi périt avant d'être arrivé à la terre promise.

Si nous nous rendons compte de toutes ces réflexions, il nous sera aisé d'établir le calcul de la population stationnaire.

Nous n'avons pas besoin d'augmenter la proportion du célibat et de l'impuissance, puisque nous l'avons déjà quotée très-haut. Ainsi sur 200 personnes nous supposerons toujours 90 mariages.

Il n'est pas nécessaire non plus de diminuer le nombre des couches que nous avions aussi quoté au-dessous de la réalité : d'autant plus que l'expérience nous fait voir que la misère n'obstrue pas les voies de la génération, et qu'au contraire les enfans des misérables mourant pour la plupart peu de mois ou peu de semaines après leur naissance, font place à de nouvelles couches. Ainsi les 90 mariages au terme moyen fixé, de 5 couches par mariage, nous donneront comme auparavant. . . . 450 enfans.

De l'autre côté. . . . 450 enfans.

Je veux que le défaut de nourriture et les suites du manque de soins et des mauvais traitemens, n'en fassent périr qu'un sur dix, ce qui feroit 45, lesquels, ajoutés aux 150 que nous supposions déjà mourir des maux qu'aucun soin ne sauroit prévenir, feront la somme de. 195

Il nous reste donc. . . . . 255 person. sauvées dans leur première enfance.

Nous avions aussi supposé que, malgré tous les soins possibles, il en périroit encore un sixième avant qu'ils fussent en état de se reproduire. Dans la nouvelle supposition, cette époque est retardée. Ces jeunes gens ne trouvent pas facilement de l'emploi, il faut qu'ils se tiennent sous la tutelle, et pour ainsi dire, à la merci des protecteurs de leurs parens. Chez leurs parens, tout pauvres qu'ils sont, ils trouvent un gîte qu'ils ne pourroient pas se procurer ailleurs, n'ayant pu faire la moindre épargne pour louer une mauvaise barraque. Il faut bien qu'ils attendent pour se marier, ou la mort, ou la vieillesse de leurs parens.

Or,

Ci-contre. . . . 255 person.

Or, en supposant que cet état de gêne ne dure que depuis 16 jusqu'à 30 ans, il est tout naturel qu'une partie de cés jeunes gens, déjà persécutés par la misère, ou meure, ou se débauche. En supposant que les maladies, la séduction, la débauche, ne nous en enlèvent que 1 sur 20, nous aurons à déduire 1 7/6 et 1 7/20, ce qui, sur 255, fera. 55

et nous aurons en dernier résultat. . 200 personn. c'est-à-dire que la population n'aura ni augmenté, ni diminué.

NOTE VII.

On peut faire bien des ressorts avec un rien de minerai de fer. (Let. II, p. 23.)

Algaroti, cité par M. Say, dit que d'une livre de fer brut, qui coûte environ cinq sols à la fabrique, on peut tirer quatre-vingt mille ressorts de montre, dont la valeur est de quatre cent quatre-vingt mille francs, où près de deux millions de fois la première valeur.

NOTE VIII.

Il n'est pas d'objet qui n'exige la coopération d'une multitude d'arts et métiers différens. (Let. II, p. 23.)

L'objet le plus grossier, une bière, c'est-à-dire quatre planches clouées ensemble pour enterrer un mort, par combien de mains n'a-t-il pas passé? Que d'ouvriers de différens métiers n'a-t-il pas occupés? Il a fallu des gens pour couper l'arbre, des bateliers pour le transporter, d'autres personnes pour le scier et le réduire en planches, enfin, il a fallu polir et ajuster ces planches et ensuite les clouer.

Pour cela il falloit des haches, des scies, des marteaux, une vrille, un ciseau, une règle, une équerre. Ces instrumens supposent qu'on avoit tiré le fer de la mine, qu'on l'avoit fondu, battu, réduit en barres, planches, fil, qu'on l'avoit converti en acier, et qu'ensuite des métiers différens en avoient fait ces divers outils. Tous ces différens métiers ont besoin à leur tour d'autres instrumens qui font travailler encore d'autres métiers. Ensuite chacun de ces ouvriers devoit se loger, il a fallu des maçons, des charpentiers et des serruriers; ils avoient besoin de repos, il a fallu convertir le chanvre en draps de lit, et la laine en couvertures; ils ne pouvoient pas vivre sans manger, il a fallu des assiettes et des pots de terre ou de cuivre. — Et pour s'habiller, des cardeurs de laine, des filatures, des teinturiers, des tisserands, des fouleries, des tondeurs, des tailleurs, des cordonniers.

NOTE IX.

Il faut encore des capitaux pour faire agir toutes ces professions. (Let. II, p. 24.)

Comme les capitaux sont presque toujours exprimés avec de l'argent et représentés par lui, bien des personnes confondent ces deux idées, et il ne sera peut-être pas inutile d'expliquer ici ce que c'est qu'un capital.

Une montre, par exemple, a acquis une valeur énorme, comparativement à celle du métal brut dont elle tire son origine; ce peu de métal fabriqué pourroit s'échanger contre des milliers de livres pesant de métal brut. Nous pourrions en dire de même d'une pièce de drap ou d'une pièce de toile. Mais il ne faut pas croire que cette valeur est gratuite. Pour que sa production ait eu lieu, il a fallu que des centaines d'ouvriers, avec des milliers d'outils, y aient travaillé pendant long-temps. Ces gens-là ont dû être nourris, habillés, et logés, ils ont dû réparer leurs outils; plusieurs d'entre eux ont dû encore faire quelques épargnes, chacun proportionnellement à la rareté de son talent. Toutes ces consommations, il est vrai, ont été reproduites dans la valeur de l'objet une fois fini; tout aussi bien que le grain qu'on semble perdre en le semant, se trouve reproduit avantageusement dans la récolte. Mais enfin il a fallu avancer pendant longtemps tous ces objets, il falloit bien qu'ils eussent été produits d'avance, et qu'on n'en eût pas besoin pour une autre consommation. Or voilà ce qui s'appelle un capital.

Dans un pays où tous ces outils, toutes ces premières matières, ces habillemens, ces logis, ces subsistances existent déjà, il est évident que le capital sera presque toujours exprimé avec de l'argent, puisqu'avec lui on se procure toutes ces choses; mais ce sont les choses même et pas l'argent qui composent le capital, et si toutes ces choses venoient à manquer, avec tout l'argent possible on ne pourroit pas y suppléer. L'argent dans ce cas ne pourroit faire partie du capital que chez un orfévre, et ce n'est encore que parce qu'il fait partie du capital chez un orfévre, qu'il est propre à exprimer les autres capitaux.

On m'observera peut-être que cette distinction, purement métaphysique, n'est d'aucune utilité réelle, puisqu'elle ne peut recevoir aucune application dans la pratique, et que l'Amérique, par exemple, avec ses mines d'argent, aura bientôt tout le capital qu'il lui faut.

On se trompe, et c'est précisément à l'Amérique que je veux appliquer ce principe.

Pour cela, je commencerai par présenter le tableau du capital actuel de l'Europe. Il se compose, 1.° de tous les crédits, possessions ou biens quelconques, que des Européens ont dans les autres parties du monde; 2.° de toutes les maisons, bâtimens publics, ponts, canaux, grandes routes, et autres constructions qui existent en Europe; 3.° de tous les défrichemens, de toutes les plantations, de toutes les haies, de toutes les chaussées, enfin de toutes les améliorations faites aux terres; 4.° de tous les chariots, barques, vaisseaux; de tous les outils, instrumens et machines actuellement existantes en Europe; de tous les habillemens, meubles, voitures, approvisionnemens, et de tout ce qui sert aux besoins ou à l'aisance des Européens, et qui, comme tout le reste, est le fruit des épargnes de leurs pères; 5.° de tout ce qui a été dépensé pour l'éducation de tous les Européens vivans; 6.° enfin de la valeur totale de tout ce qui est produit en Europe ou par des Européens, pendant un certain nombre d'années, c'est-à-dire depuis que le lin est semé, jusqu'à ce qu'il soit livré à la consommation en forme de mouchoirs de batiste, ou de jabots de dentelles, et depuis que la brebis broute l'herbe, jusqu'à ce que la laine des agneaux qu'elle doit porter sera livrée à la consommation sous la forme d'habits ou de couvertures.

On voit, j'espère, qu'il faut bien plus d'argent que n'en contiennent les mines d'Amérique pour se procurer un capital pareil, et qu'il n'y a que le temps, l'application et l'économie qui puissent le fournir.

Les conséquences que j'en tire sont: 1.° que si l'argent représente à Paris presque tous les besoins et toutes les jouissances possibles, avec une riche cargaison d'argent on ne se procureroit pas une amarre au milieu de la mer, et avec tout l'argent du monde, on ne trouveroit pas un verre d'eau dans les déserts de l'Afrique; 2.° que si, avec de l'argent, on se procure à Paris bien des jouissances, avec tout l'argent qui circule en France on n'acheteroit pas Paris, on n'acheteroit pas le mobilier seul qui s'y trouve; en un mot, que la valeur totale de l'argent travaillé ou monnoyé, soit qu'on le considère dans la totalité de la nation, soit qu'on le considère chez le particulier, est toujours peu de chose, très-peu de chose, en comparaison de toutes les autres valeurs existant en biens-fonds, en mobilier, en marchandises ou en crédits.

NOTE X.

Une partie des capitaux de l'Europe se transportera en Amérique. (Let. II, p. 24.)

On n'y transportera pas, j'espère, ni les routes, ni les ponts, ni les maisons; on n'y transportera pas non plus les améliorations faites sur les terres ; cependant ces deux sortes d'objets sont d'une si grande valeur par rapport au reste, que je ne crois pas exagérer si je les fais entrer pour 19 vingtièmes dans la totalité des capitaux ; c'est-à-dire que je ne crois pas que toutes les valeurs mobiliaires prises ensemble se montent à un vingtième de la somme totale des capitaux. Enfin, qu'on établisse la proportion qu'on voudra, il est toujours certain que le capital immobiliaire est d'une bien plus grande valeur que le capital mobiliaire. Qu'on fasse encore attention que l'immobiliaire fixe jusqu'à un certain point le mobiliaire ; qu'il faut de bonnes raisons pour abandonner la maison qu'on a, et aller à grands frais en construire une autre ailleurs ; que le capital attire le capital de deux manières, d'abord parce qu'il se reproduit lui-même, ensuite parce que là où le capital abonde, ce qu'on nomme l'intérêt de l'argent et tout ce qui s'y rapporte, comme le loyer des maisons, les transports et les consommations en tout genre, sont à un taux plus bas, et l'industrie en profite ; enfin, si l'on y fait attention, on verra que la partie du capital européen qui peut être transportée en Amérique est très-peu considérable, et par rapport à l'Europe, et par rapport à l'Amérique.

NOTE XI.

Le transport des capitaux ne sera jamais assez considérable. (Let. II, p. 25.)

Voyons de quelles manières les capitaux peuvent se transporter d'un pays dans un autre, ou de combien de manières les capitaux de l'Europe pourront passer en Amérique. Je viens de dire que je n'en connois que deux. 1.° D'abord avec les capitalistes eux-mêmes. Si un Européen forme le projet d'aller se fixer en Amérique, il commencera par réaliser, et ensuite il emportera son bien, en argent ou en marchandises, par lui-même ou par des négocians intermédiaires, à une ou plusieurs reprises, et de toutes les manières ces envois ne font pas des retours, puisque le propriétaire reste en Amérique. S'il ne veut pas se charger des risques et des soins que ces envois exigent, il cherchera des lettres de change. Alors, dira-t-on peut-être, les capitaux restent en Europe, il n'y a qu'un peu de papier d'expatrié. Malheureusement on se trompe. Lorsque vous prenez une lettre de change, par quelques mains qu'elle ait passé et quels que soient les détours qu'elle ait fait, vous ne faites en définitif que vous adresser à quelqu'un qui avoit fait des envois et se proposoit faire des retours ; vous lui payez ces retours, et vous vous chargez d'en recevoir la valeur là-bas. Or, comme nous supposons que vous y allez vous-même, ces retours ne se font point, et le capital reste avec vous. 2.° L'autre manière de transporter les capitaux consiste dans le crédit que se font les négocians entre eux. Dans un pays où les capitaux manquent, ce qu'on nomme l'intérêt de l'argent est toujours élevé. Dans ces pays (disons l'Amérique, pour nous faire mieux comprendre) les négocians sont forcés de faire des avances aux cultivateurs et aux gens industrieux, et ils y trouvent leur compte, puisqu'on leur paie de gros intérêts. A leur tour ils demandent du crédit aux négocians européens qui leur font des envois, c'est-à-dire qu'ils leur proposent de ne leur payer le prix de ces envois ou de ne leur faire des retours que six mois, un an, deux ans après que les marchandises ont été reçues, en leur bonifiant pour cela le tant pour cent dont ils sont convenus. Le négociant européen y trouve à son tour de l'avantage, puisqu'à Londres ou à Amsterdam il peut trouver de l'argent à 4 pour 100, et qu'en Amérique on lui en bonifie huit ou dix. Alors il fait des envois sur envois, il reçoit l'un lorsqu'il envoie l'autre, et toujours une partie du capital européen séjourne en Amérique et féconde son industrie. Voilà comme les capitaux de l'Espagne ont pu rebâtir l'ancienne capitale de Montézuma.

Voyons à présent de laquelle des deux manières et en quelle quantité les capitaux de l'Europe passeront en Amérique.

En crédit il en passera, puisqu'il en passe, et il en passera davantage si l'Amérique prospère davantage. Mais comme ce ne sera qu'une partie des produits annuels, la quantité n'en sera pas considérable par rapport à la totalité du capital européen. Par le moyen de l'expatriation, la quantité n'en sera pas forte, par la raison que nous avons donnée dans le texte : c'est qu'il n'y a guère que les gens de peu de fortune qui songent à s'expatrier, et bien moins à courir les chances d'un nouvel établissement dans un hémisphère éloigné, dont ils ne connoissent point les mœurs ni les usages.

NOTE XII.

(*Les capitaux employés aux mines ne sont pas les plus productifs*. (Let. III, p. 34.)

Qu'on me permette une observation que je ne trouve relevée, ni par Smith, ni par Say, ni par aucun des économistes ; c'est qu'en Amérique la plupart des fruits de la terre, malgré que les frais de production soient plus grands, y sont à meilleur marché qu'en Europe : c'est-à-dire qu'on les achette pour une moindre quantité d'or ou d'argent, en sorte qu'un négociant qui a fait des envois de marchandises d'Europe, trouve ordinairement mieux son compte à faire les retours en fruits qu'en espèces d'or ou d'argent, quoique l'exportation d'or ou d'argent coûte moins que celle des fruits. Cela semble naturel au premier abord, et voilà pourquoi personne n'y a fait attention : cela cependant est tout autre chose qu'on ne le pense.

D'abord l'or et l'argent sont aussi des fruits de l'Amérique, et des fruits de la terre encore. Pourquoi donc ce fruit offre-t-il moins d'avantage que les autres et qu'on ne l'exporte pour ainsi dire que pour faire lest?

Ensuite, qui dit *fruits à meilleur marché*, dit que *l'or et l'argent* sont comparativement *plus chers*.

Donc, l'or et l'argent sont en Amérique comparativement plus chers que la plupart des autres fruits de la terre. Donc la terre récompense plus généreusement les peines de ceux qui en tirent du sucre, du tabac, ou même du blé ou du maïs, que de ceux qui ne veulent en tirer que de l'or ou de l'argent. Disons donc, que c'est une mauvaise spéculation que celle d'exploiter des mines, et que ce genre d'industrie ne se soutient peut-être que comme les loteries et les maisons de jeu; par une cupidité mal entendue. On sait bien que sur *un* qui gagne, il y en a *cent* qui perdent, mais on espère toujours être cet *un* qui emportera l'argent des autres.

NOTE XIII.

Les marchandises européennes pourront toujours s'échanger avec avantage. (Let. III, p. 36.)

Figurons-nous l'Amérique parvenue au comble de sa prospérité. Supposons qu'elle abonde en toute sorte de connoissances, en toute sorte de productions, en toute sorte d'arts et de manufactures. Supposons qu'il ne se fait rien en Europe, que l'Amérique ne soit parvenue à faire chez elle au même degré de perfection, et que tous ces objets, à qualité égale, sont aussi au même prix qu'en Europe. Voyons si dans cette supposition le commerce avec l'Europe devroit cesser, et premièrement s'il faudroit se passer de ces objets que les Européens ne peuvent pas produire abondamment chez eux, comme le sucre, le cacao, l'indigo, et encore l'or et l'argent.

Je commence par résoudre la question, et je dis que jamais on ne seroit forcé de s'en passer; on les payeroit seulement un peu plus cher. Tâchons de le prouver.

Laissons de côté l'or et l'argent, et occupons-nous d'abord des objets connus sous le nom de denrées coloniales.

Lorsqu'un négociant fait des envois dans un autre pays, quel qu'il soit, il s'occupe peu de la valeur nominale que dans ce pays on va donner à sa cargaison; tout ce qu'il cherche, c'est que son capital revenu au lieu d'où il étoit parti, soit en marchandises ou autrement, lui rapporte le bénéfice ou l'augmentation qu'il s'étoit proposé; la marchandise qui au bout du voyage lui rapporte le plus, est aussi celle qu'il préfère.

Lorsqu'il envoye une cargaison en toiles, draps, chapeaux, eaux-de-vie, ou autres effets à la Guayra, à la Havane ou à la Véracruz; ce qui lui importe est, que les denrées coloniales qu'il en rapportera, vendues sur la place, lui donnent le même argent qu'il avoit employé à la première cargaison, et outre cela, la quantité qu'il s'étoit proposé d'y gagner pour ses peines et son industrie.

Jusqu'ici ces toiles, ces draps, ces chapeaux, et ces eaux-de-vie, dans la vente qui en étoit faite en arrivant à la Havane, à la Guayra, ou à la Véracruz, lui rapportoient déjà ordinairement un assez gros bénéfice, c'est-à-dire qu'il en retiroit beaucoup plus d'or et d'argent qu'il n'avoit employé à les acheter, à Cadix, par exemple. Ensuite les denrées coloniales qu'il rapportoit lui procuroient encore quelque bénéfice, c'est-à-dire que, vendues à Cadix, il en retiroit plus de valeurs, où, si vous voulez, plus d'or et d'argent qu'on n'en avoit employé à les acheter là-bas.

Supposons que tous les frais payés, fret, assurance, commission, intérêt de l'argent, il gagnoit à la première vente faite en Amérique 30 pour cent, et à la seconde, faite à Cadix, 20 pour cent, sur la première quantité; il lui restoit donc un bénéfice net de 50 pour cent. Supposons encore que l'une expédition portant l'autre, un négociant ne puisse pas se contenter d'un moindre bénéfice, et que dans une liberté parfaite de commerce, tel soit le terme moyen des bénéfices à faire. Or, le négociant continuera ces sortes d'expéditions, tant que cent piastres employées à Cadix lui en rapporteront cent cinquante à la fin de l'expédition. Peu lui importe qu'il gagne d'abord 30 et puis 20, ou d'abord seulement 10 et puis 40, ou même qu'il commence par perdre là-bas; pourvu que, de retour à Cadix, l'expédition lui rapporte 50 piastres par-dessus les 100 piastres qu'il avoit employées.

Nous avons supposé l'Amérique produisant les mêmes objets que l'Europe et les ayant au même prix, par conséquent notre négociant ne peut se défaire en Amérique de ses toiles, de ses draps, de ses chapeaux et de ses eaux-de-vie, qu'en les vendant au même prix qu'ils lui avoient coûté en Europe: il perd donc tous les frais de transport. Je suppose que ces frais de transport se montent à 15 pour cent; les cent piastres ne lui rapportent donc à la Véracruz que 85 piastres, au lieu de 130 qu'il en touchoit auparavant lorsqu'il gagnoit 30 pour cent.

Avec 85 piastres, il ne pourra pas acheter autant de sucre qu'avec 130; mais pour lui c'est égal, il sait que le sucre est demandé en Europe, que personne ne peut en porter à meilleur compte que lui, puisque tous les autres négocians seront obligés de supporter les mêmes frais que lui; or, il est sûr que du sucre qu'il achetera avec ses 85 piastres, il en retirera le même argent qu'il retiroit auparavant de celui qu'il achetoit avec 130 piastres, c'est-à-dire, dans l'un et l'autre cas, 150 piastres, sans quoi il n'auroit pas fait l'expédition.

Dans ce cas-là, il faudra payer chaque 85 portions de sucre ce qu'on payoit auparavant 130 égales portions, et par conséquent chaque portion une moitié de plus; c'est-à-dire que le prix du sucre aura augmenté de 50 à 53 pour cent. Quoique ce calcul ne soit pas bien juste, on peut se former par là une idée de ce qui résulteroit dans la supposition de trouver en Amérique toutes sortes d'objets manufacturés au même prix qu'en Europe. On voit encore que la perte, dans la vente des marchandises européennes en Amérique, pourroit être baaucoup plus grande, sans que pour cela les denrées coloniales en fussent énormément chères; il y a encore loin de là au système continental.

Si le négociant, au lieu d'envoyer des toiles et des chapeaux, envoyoit de l'argent, il n'épargneroit pas les 15 piastres que nous avons supposé de frais (puisque le vaisseau devroit aussi partir en lest avec cet argent pour nous rapporter des denrées coloniales), mais il épargneroit cependant le risque des avaries et des détériorations, que les marchandises peuvent souffrir dans le voyage. Voilà donc que dans notre supposition l'or et l'argent peuvent sortir d'Europe pour aller en Amérique. Il faut donc songer à en faire venir.

Puisque l'or et l'argent sont nécessaires à la circulation, puisqu'ils nous sont utiles pour la vaisselle, la bijouterie, la brodure, le plaqué, et autres usages, dont la privation seroit pour le moins aussi pénible que celle de la cochenille et de l'indigo, il faudra bien que nous en fassions venir par les mêmes moyens que nous avons fait venir le sucre et la cochenille; c'est-à-dire en envoyant des marchandises en Amérique pour les vendre avec perte de tous les frais d'envoi, ou plus s'il le falloit, et rapporter ensuite l'or et l'argent. Nous ne manquerons pas de négocians qui le feront, puisque la demande d'or et d'argent ayant augmenté en Europe à mesure que la quantité en diminuoit, et ceux qui en ont besoin étant aussi disposés à le payer plus cher, le négociant est sûr qu'il retirera d'une moindre quantité de ces métaux, les mêmes valeurs qu'il retiroit auparavant d'une quantité plus grande.

Cela ne veut pas dire qu'on lui en donnera un plus

plus grand nombre de piastres en effectif; car si je devois donner un poids plus fort d'argent en piastres, que je n'en recevrois en barres, je trouverois plus avantageux de fondre mes piastres; et cependant c'est principalement pour en faire des piastres ou d'autre monnoie, que nous avons été chercher le métal dans l'autre hémisphère.

Obtenir les mêmes valeurs d'une moindre quantité d'or ou d'argent, ou ce qui revient au même, obtenir plus de valeurs de la même quantité d'argent, veut dire obtenir ou acheter plus de toiles, plus de draps et plus de chapeaux, avec le même argent, ou acheter les mêmes marchandises avec moins d'argent.

Or, puisqu'avec la même quantité d'argent qu'on a échangé en Amérique un certain nombre de chapeaux, on en obtient en Europe un plus grand nombre de la même qualité: il est évident que les chapeaux sont en Europe moins chers qu'en Amérique; et comme cela ne sauroit manquer d'arriver, et comme cela doit avoir lieu pour la plupart des marchandises, il est aussi évident que la supposition que nous avions faite de l'égalité des prix à qualité égale, entre l'Europe et l'Amérique, excède les limites de la possibilité, quelque peuplé, quelque riche et quelque prospère que nous supposions le nouveau continent.

Effectivement, tant que les Américains seront

les fournisseurs de l'Europe en or et en argent, tant qu'ils auront des mines plus riches et plus abondantes que les Européens, l'or et l'argent seront chez eux à meilleur compte qu'en Europe; puisque si les Européens veulent en avoir, il faudra qu'ils payent au moins les frais, les soins et les risques du transport. Or, nous avons vu que l'or et l'argent à meilleur compte ne peut signifier autre chose, sinon qu'il en faut donner davantage pour la plupart des autres marchandises, ou ce qui est la même chose, que la plupart des autres marchandises sont nominalement plus chères lorsqu'on en exprime la valeur avec de l'or ou de l'argent.

Ceci a besoin de quelque explication sur-tout pour la restriction que je fais, en disant, la plupart des marchandises et non toutes les marchandises.

Dès que l'or ou l'argent augmentent dans un pays, il s'en présente davantage dans la circulation. Celui qui en a (à moins d'être un harpagon) cherche toujours à s'en défaire, puisqu'il veut se procurer les objets de son industrie, de ses besoins ou de ses plaisirs.

Dès-lors la demande de ces objets étant plus forte, les prix haussent à proportion. Si ces objets sont de leur nature aisés à produire, en sorte qu'en peu de temps leur production puisse égaler la demande qui en est faite, alors la hausse ne se soutient pas;

à mesure que la production augmente, l'équilibre se rétablit, et au bout de quelque temps ces objets reviennent presque au même prix qu'auparavant; et ils reviendroient juste au même prix, si le producteur n'avoit pas besoin d'acheter d'autres objets qui ont renchéri. Si au contraire ces objets sont d'une production difficile, s'il y entre beaucoup de main-d'œuvre et de capitaux, si cette production exige des talens rares et une adresse non commune, en sorte que la quantité produite soit toujours au dessous de la quantité demandée; en pareil cas la hausse se soutient plus ou moins, et devient à la fin stationnaire. La plupart des fruits de la terre, et sur-tout les grains qui font la principale nourriture du peuple, sont dans la première cathégorie. La hausse des prix encourage le laboureur, cet encouragement augmente la population comme nous l'avons vu (*), cette population nouvelle augmente à son tour les produits de la terre, et par là l'équilibre se rétablit. Voilà pourquoi le prix des grains n'a que quadruplé depuis le XV.e siècle, malgré que l'argent est dix fois plus abondant qu'il n'étoit. Voilà pourquoi le froment est dans l'intérieur de l'Espagne aussi bon marché qu'en Angleterre, lorsque tous les objets manufacturés y sont énormément plus chers. Voilà enfin pourquoi le blé et sur-tout le

(*) Voyez la 6.e note.

maïs, qui fait la principale nourriture du peuple, est en Amérique à bien meilleur marché qu'en Europe, tellement que les farines de la Nouvelle-Espagne traversent la chaîne des Andes à dos de mulet, conduits par des gens qui risquent d'attraper à la Vera-Cruz le vomissement noir; ces farines traversent ensuite l'Océan et sont vendues en Europe. *Humboldt. Essai pol.* liv. 5, ch. 12, pages 363, 370, 373, et tom. 5.e pag. 182.

Tous les objets manufacturés sont dans la seconde cathégorie, et la hausse soutenue, la hausse qui devient par la suite leur prix naturel, est d'autant plus forte que ces objets sont moins susceptibles d'être multipliés, soit par la rareté de la première matière, soit qu'ils exigent des talens et une adresse au dessus de la masse du peuple. Il seroit difficile de citer des exemples sur ces objets, comme nous en avons cité sur les grains et en général sur les fruits de la terre. C'est que, quant aux fruits de la terre, les moyens productifs ne sont pas devenus moins coûteux : la division du travail, ce moyen immense de production, n'est guère applicable à l'agriculture; les machines compliquées y sont encore moins applicables; en sorte que le laboureur du XV.e siècle avoit à peu près les mêmes moyens que celui d'aujourd'hui; par conséquent la valeur absolue du grain, c'est-à-dire sa valeur comparée au travail de l'homme, n'est pas diminuée, et dès-lors on n'a qu'à le comparer tout de suite à l'or ou à l'argent, pour en connoître la valeur relative dans l'un et l'autre siècle.

Au contraire, les moyens productifs de presque toutes les autres denrées se sont accrus, se sont perfectionnés, sont devenus beaucoup moins coûteux; d'un côté les grands débouchés que le perfectionnement de la navigation a ouverts, ont permis de donner à la division du travail une étendue immense; d'un autre côté, la mécanique a fait de grands progrès, et par le moyen de certaines machines, un seul homme fait souvent aujourd'hui, et fait mieux ce que 50 hommes ne pouvoient pas faire autrefois. Dès-lors la valeur absolue de ces denrées est diminuée dans la même proportion, et pour en connoître la valeur relative, avant de les comparer à l'or et à l'argent, il faudroit diviser la valeur ancienne par le nombre qui exprimeroit le perfectionnement des moyens productifs; ce qui est impossible, puisque ce nombre nous est inconnu.

Mais pour cela le principe n'en est pas moins incontestable, et si nous pouvions découvrir un genre d'industrie où les moyens productifs ne se fussent pas accrus depuis le XV.e siècle, nous le trouverions sans doute cinq, six, huit ou dix fois plus cher, comparativement à l'argent.

Le résultat de tout cela est que, dans le siècle et dans le pays où l'or et l'argent sont plus abondans, toutes les denrées y sont rélativement plus chères ; que cette augmentation des prix est proportionnellement très-peu de chose quant aux grains et aux fruits de la terre ; mais qu'elle est graduellement plus forte à mesure que les objets sont d'une élaboration plus compliquée et qui a exigé des travaux plus rares.

Cela étant appliqué à l'Amérique, nous en pourrons déduire que, dans quelque état de prospérité qu'elle se trouve, les grains et la plupart des fruits de la terre y seront à peu près au même prix qu'en Europe ; que les manufactures grossières y seront un peu plus chères ; et que les objets fins y seront beaucoup plus chers, et conséquemment qu'elle trouvera mieux son compte à continuer à s'en pourvoir en Europe, et conséquemment que le commerce entre les deux continens suivra sa marche régulière et augmentera chaque jour, tant que les Américains n'auront pas épuisé leurs mines inépuisables.

Venons encore au devant d'une autre objection. L'or et l'argent, nous dira quelqu'un, pourroient influer considérablement sur les prix s'ils restoient toujours en Amérique ; mais comme ils viennent continuellement en Europe, l'équilibre se rétablit. On se trompe encore : l'or et l'argent ne viennent pas en Europe sitôt qu'ils sont produits ; il faut d'abord qu'ils s'en amasse une certaine quantité, puis après ce n'est pas la même personne qui les a extrait des mines qui les envoye, c'est un négociant qui les ramasse après qu'ils ont passé par plusieurs mains. Or, tant qu'ils séjournent en Amérique, tant qu'ils passent de main en main, et qu'ils y passent en s'échangeant nécessairement contre d'autres marchandises, ils influent sur le prix de ces marchandises, et comme les mines allant toujours, il n'en part une quantité pour l'Europe, que lorsqu'une quantité plus forte a déjà été produite, l'influence est constante et même progressive.

Encore l'or ne vient en Europe que parce que l'Europe en a besoin, et en ce cas-là, il faut bien qu'elle paye les frais de transport, il faut bien qu'il soit plus cher en arrivant, c'est-à-dire qu'il vaille plus de marchandises d'une qualité donnée, sans quoi, ni les Américains feroient des frais pour vous l'apporter, ni les négocians d'Europe voudroient l'aller chercher.

On voudroit peut-être savoir à combien se monteront ces frais, ou qu'elle sera, dans les deux hémisphères, cette différence entre la valeur des métaux précieux et par conséquent entre les prix des marchandises.

C'est ce que je ne pourrois pas assigner au juste, puisque cela dépendra de plusieurs causes difficiles à prévoir. Tout ce que je puis faire est de présenter les bases, et ensuite chacun établira ses calculs d'après sa manière de voir.

Il faut d'abord apprécier l'influence du séjour que ces métaux destinés pour l'Europe doivent faire dans leur pays natal.

Il faut ensuite évaluer les risques et des métaux eux-mêmes en venant, et des marchandises contre lesquelles ils s'échangeront, et des bâtimens qui apporteront les uns et emporteront les autres. Cette évaluation sera connue par les primes que demanderont les maisons d'assurance.

Ensuite le négociant qui fait ces expéditions doit y trouver un bénéfice proportionné à ceux qu'il est accoutumé à faire sur d'autres marchandises.

Vient ensuite le fret et les frais de charge et décharge, port de lettres, et autres menues dépenses. Il faut observer que ce fret doit être calculé pour le voyage rond, (c'est-à-dire, de l'envoi et des retours) sur la marchandise la plus volumineuse. En effet, si c'est un Européen qui envoye chercher l'or, il faut bien qu'il envoye des marchandises par la vente desquelles il puisse l'obtenir, et comme le produit total de ces marchandises doit revenir en or, il faudra bien que tous les autres vaisseaux viennent en lest. Si au contraire c'est un Américain qui envoie l'or, il peut bien nous en envoyer une grande quantité dans un très-petit bâtiment, et le fret alors ne sera pas cher; mais comme il ne peut pas en emporter tout le produit en montres ni en dentelles, il faudra bien qu'il affrète d'autres bâtimens, lesquels ne pouvant pas trouver des retours, se feront payer le voyage entier.

Or, ces quatres parties, chacun peut les évaluer d'après sa manière de voir les choses; mais la somme totale, qui sera une quantité proportionelle, donnera la différence de valeur de l'or ou de l'argent, et par conséquent la différence du prix des marchandises. Si cette somme totale donnoit par exemple 30 pour cent, les marchandises en général, et surtout les manufactures un peu fines vaudroient, et se vendroient en Amérique 30 pour cent de plus que de pareilles manufactures ne coûteroient en Europe.

Comme il n'y a rien de si difficile que de détruire des préventions enracinées, je me ferai encore une autre objection. A la bonne heure, me dirai-je, que l'or et l'argent, le sucre et l'indigo viennent s'échanger contre des produits d'une manufacture recherchée, mais on ne viendra pas d'Amérique chercher du vin et de l'eau-de-vie, de l'huile et de la bière, qui peuvent se produire là-bas aussi bien qu'ici, et qui étant presque des produits bruts de la terre, peuvent y être à aussi bon marché : le prix du transport seroit autant de perdu.

Je pourrois répondre à cela que dans le commerce suivi, qui se fait entre deux pays, la totalité des retours s'équilibre avec la totalité des envois, non seulement en valeur, mais ordinairement en volume; car autrement on perd la moitié du fret, et que, puisqu'il doit venir de l'Amérique des objets volumineux, comme le sucre, on pourra, sans faire de nouveaux frais, exporter aussi des objets volumineux, comme le vin; mais cette solution ne seroit pas tout-à-fait concluante; car si l'on ne doit rien gagner sur le vin, il vaudra mieux exporter des marchandises sur lesquelles on est sûr de gagner quelque chose, et lester le reste du bâtiment, c'est-à-dire le charger de sable ou de pierres.

Mais c'est que l'objection elle-même est fondée sur une erreur. Ce n'est qu'en supposant que le vin et l'huile sont presque des produits bruts de la terre, que nous en concluons, d'après ce qui a été dit, que ces liquides ne seront guère plus chers en Amérique qu'ici. Mais cette supposition est contraire à la réalité.

Il n'est nullement vrai que le vin et l'huile se trouvent dans le cas des grains et des légumes, qui sont de simples produits de la terre, exigeant peu d'industrie et peu de capitaux, pouvant se multiplier au gré de la demande qui s'en établit, et dont le prix par conséquent est peu influencé par l'augmentation de l'or et de l'argent. Le vin et l'huile au contraire sont le produit exclusif de certains terroirs favorisés de la nature, et par là seul, leur quantité en est bornée. Ensuite ce sont des produits qui exigent au contraire beaucoup d'industrie et beaucoup de capitaux, la vigne devant être cultivée avec soin et avec intelligence pendant cinq ou six ans, et les oliviers pendant quinze ou vingt ans, avant que l'une et l'autre plante commencent à récompenser les soins du producteur : et voilà pourquoi la même terre donne un produit d'une plus grande valeur en huile qu'en vin, et en vin qu'en blé, parce que dans les deux premiers cas elle paye l'intérêt des capitaux qu'on y a placés. Or, la quantité des métaux monétaires qui est en circulation doit influer sur le prix de ces denrées, puisqu'il influe sur les objets de consommation dont le producteur et ses ouvriers ont fait usage, et sur les autres capitaux qu'on a employés à leur production. Le vin et l'huile ne peuvent donc pas revenir en Amérique à aussi bon compte qu'en Europe.

NOTE XIV.

Difficultés de la navigation en Amérique. (Let. III, p. 39.)

Il n'y a de Guayaquil au Callao que 210 lieues marines, et très-souvent il faut deux fois autant de temps pour faire cette traversée dans la direction de nord au sud, que pour aller d'Acapulco à Manille par une route de plus de 2,800 lieues marines. (*Humbolt, Essai polit.* liv. 5. chap. 12.)

Souvent la traversée d'Acapulco à Lima est plus pénible et plus longue qu'une navigation de Lima en Europe. (*Ibid.*)

La nature a mis d'énormes obstacles aux communications maritimes entre les peuples du Pérou et ceux du Mexique. (*Ibid.*)

Des côtes de Guatimala à la mer de Cortès, les traversées sont si pénibles et si longues, que les corvettes commandées par Malaspina, deux bâtimens excellens voiliers, mirent en 1791 cinquante-huit jours pour venir de Réalexo à Acapulco. La même année, le navire de commerce, la Galga, favorisé par les courans et les vents, eut connoissance des îles Açores, soixante jours après avoir quitté le port de Lima : le premier trajet est de 300 lieues marines, le second de 4,500 lieues. (*Ibid.*)

NOTE XV.

Ce que l'Amérique produit au fisc. (Let. IV, pag. 58.)

Le trésor du roi d'Espagne, par exemple, retire de l'Amérique l'or et l'argent qui vient de ces contrées ; *plus* le tabac qui vient pour la régie ; *plus* les droits de douane des marchandises étrangères destinées pour les colonies; *moins* la valeur totale du mercure qu'il envoie pour les mines, du papier destiné pour les bureaux ou pour les fabriques de cigarres, de la poudre, du plomb, des cartes à jouer, et de quelques autres objets qui s'administrent par régie; *moins* la totalité des frais du conseil des Indes, de tous les bureaux, et de toutes les administrations qui ont les colonies pour objet; *moins* la presque totalité des frais de la marine.

NOTE XVI.

Ces compagnies ne sont composées que de dupes et de fripons. (Let. V, p. 72.)

M. le comte de Hogendorp, dans son *Système colonial de la France*, ouvrage plein de faits et de réflexions très-judicieuses, convient avec nous que les grandes compagnies de commerce ne peuvent plus être d'aucune utilité; mais il fait une exception en faveur du commerce de la Chine et celui du Japon. *Ce commerce*, dit-il, *est propre à être exploité par une compagnie ayant un privilége exclusif; car en ces deux pays le gouvernement n'admettant les négocians étrangers qu'avec beaucoup de restrictions, et les bornant à un seul port où le commerce avec eux est monopolisé par des sociétés exclusives, il est sage et prudent d'opposer le monopole au monopole, parce que la liberté établissant la concurrence, cette concurrence nuiroit aux intérêts divers de ceux qui feroient ce commerce.* (Chap. 3, pag. 31).

Je ne puis être de son avis. Sans examiner si le monopole qu'il craint de la part des vendeurs peut provenir à la longue du nombre matériel des acheteurs ou bien de la quantité collective des achats; sans entrer dans aucune discussion là-dessus, je m'en rapporte à ma propre expérience, et à un fait qui me paroît très-concluant et qui est postérieur à la publication de l'ouvrage de M. de Hogendorp.

Le gouvernement des Pays-Bas avoit autorisé une nouvelle compagnie exclusive, seulement pour le commerce de la Chine et celui du Japon, comme M. de Hogendorp le dit lui-même; mais après un essai de très-courte durée, il vient de la dissoudre, et de rendre la liberté à ce commerce.

J'ai fait quelques voyages en Chine, j'ai bien éprouvé la gêne et l'humiliation dans laquelle sont les *Fang Kouaï*, ou les Européens dans ce pays singulier; mais je n'ai rien aperçu de ce privilége exclusif que M. de Hogendorp attribue à ce qu'il appelle le *Hong*. J'ai fait moi-même des achats considérables à Canton, tantôt à des *Hannistes*, tantôt à des négocians non incorporés, et si j'ai ordinairement préféré les premiers, c'est que tous les *Hannistes* se rendant solidaires les uns pour les autrès, on a une assurance de plus ou un risque de moins dans un pays où l'on paie à l'avance, et où on ne peut obtenir justice qu'à travers des lenteurs et des humiliations difficiles à décrire. Le *Han* m'a toujours semblé une association libre créée en faveur des Européens, ou, si l'on veut, de leur commerce. La seule chose que j'ai bien observée par moi-même, est que parmi les nations qui font le commerce de la Chine, la seule qui n'ait pas une compagnie est celle qui fait les meilleures affaires : je veux parler des Etats-Unis. Je pourrois encore citer quelques anecdotes passées sous mes yeux, qui feroient voir que la nation qui a la compagnie la plus imposante n'en impose pas plus aux Chinois, et n'en est pas moins humiliée que les autres. Quand au Japon, je n'en dis rien, parce que je n'y connois rien.

NOTE XVII.

Si les naturels des Philippines avoient été alors aussi habitués à voir des Anglais qu'à voir des Espagnols? (Let. VI, p. 80.)

Les seuls étrangers admis alors dans le pays (les Chinois) se sont ligués avec les ennemis, et ont fait la guerre aux Indiens et par conséquent à l'Espagne qui, en leur donnant la plus généreuse hospitalité, avoit dérogé en leur faveur à la loi commune.

En rappelant ce que j'ai dit dans la 5.e Lettre,

page 74, je laisse à penser si le nouveau système introduit aux Philippines ne pourroit pas à la longue porter atteinte à la sûreté de cette colonie aussi importante que peu connue, et si lorsque le port de Manille est ouvert à tous les pavillons, il n'y a pas au moins de l'imprudence à le tenir fermé au commerce national.

NOTE XVIII.

La note qui répondoit à ce numéro a été placée au bas de la page 82.

NOTE XIX.

Aussi ils étoient antropophages. (Lettre VI, page 84.)

L'antropophagie étoit portée à un tel point parmi les peuples Astèques, qu'il y avoit à Mexico et plusieurs autres villes non seulement des boucheries publiques de chair humaine, mais des espèces de ménageries où l'on enfermoit tous les prisonniers qu'on faisoit à la guerre, et où on les engraissoit pour les vendre et manger ensuite. Comme les prisonniers se vendoient bien, il ne manquoit jamais de prétextes pour de nouvelles guerres, ou pour imaginer des insurrections parmi les peuples soumis, leurs prêtres étant les premiers qui les fomentoient par la part qui leur en revenoit dans les sacrifices.

NOTE XX.

Garcilaso, Oviédo et Acosta. (Lettre VI, page 85.)

Les titres de ces trois ouvrages sont : *Comentarios reales de los Incas, por el Inca Garcilaso de la Vega : Historia general de Indias, por Gonzalo Hernandez de Oviédo y Valdes : Historia natural de Indias, por el Padre Maestro Acosta.*

NOTE XXI.

Que la plupart de ces faits ne sont pas nouveaux pour vous. (Let. VI, p. 85.)

M.r le baron de Humbolt fait cependant mention d'une mine qu'on avoit commencé à exploiter du temps des Incas : ce seroit probablement avant la prohibition dont parle Garcilaso, qui, Inca lui-même, ne devoit pas l'ignorer.

NOTE XXII.

Engagé sous de certaines conditions, telles qu'un homme libre a lui-même la capacité d'en contracter. (Let. VII, p. 99.)

Le philosophe de Genève a raison : un homme n'a pás le droit de se vendre lui-même en prenant ce mot dans sa véritable acception ; c'est-à-dire dans un sens absolu. Un contrat pareil suppose nécessairement la force d'un côté ou la démence de l'autre, et dans les deux cas, le contrat est nul. Mais je crois avoir aussi raison en soutenant qu'un homme a le droit de se louer ; de la même manière que la loi naturelle, qui défend le suicide, permet bien qu'on risque sa vie dans l'espoir de la soutenir, ou de la rendre plus agréable. Si donc vous me dites que les Africains n'ont pas le droit de vendre leurs enfans d'une manière absolue, ni par conséquent les Européens celui de les acheter, je vous dirai que vous avez raison avec le philosophe de Genève. Si ensuite vous convenez avez moi que les Africains ont le droit d'aliéner la liberté de leurs enfans, ou pour un temps limité, ou, ce qui revient au même, sous de certaines conditions qui supposent le bon traitement assuré, et la possibilité de se racheter, je vous dirai que vous et moi nous n'avons pas tort. L'esclavage, tel que l'entendirent les Romains jusqu'aux temps d'Auguste, est contraire au droit naturel : l'esclavage, tel qu'on l'entend aux colonies espagnoles, ne choque en rien les principes du droit.

NOTE XXIII.

Ce droit de propriété est si facilement reconnu, etc. (Let. VIII, p. 111.)

Le droit de propriété est inhérent à la nature humaine. Ceux qui ont voulu en faire un droit de convention ont confondu la propriété foncière, qui nécessairement a dû être précédée de la formation des sociétés, avec tous les autres genres de propriétés, mobiliaire, personnelle, et même locale, qui existent avant la formation de toute société. Le sauvage respecte la hutte du sauvage et respecte les fruits que le sauvage vient de cueillir. Il n'y a que la nécessité extrême qui, chez eux comme chez nous, fait taire tous les autres droits.

NOTE XXIV.

La race mâle de Manco Capac n'existoit plus. (Let. VIII, p. 120.)

A la vérité Huascar, le dernier des Incas, vivoit encore, et Atahuallpa ne le fit assassiner que longtemps après l'arrivée des Espagnols. Il est encore probable qu'on auroit pu lui sauver la vie et même le rétablir sur le trône. Je ne prétends pas faire l'apologie de Pizarro, ni approuver indistinctement toutes ses actions.

On sait combien il est difficile d'être juste après la victoire. On sait qu'un général d'armée qui, outre les instructions de son gouvernement, a encore des compagnons d'armes à ménager, ne peut pas agir comme le feroit un juge impartial. On ne peut pas enfin se dissimuler que l'ambition seule peut faire supporter à un homme et à une armée les travaux et les peines d'une conquête. Vouloir juger autrement les conquérans d'Amérique, c'est être injuste, c'est méconnoître le cœur humain ou compter un peu trop sur la simplicité des lecteurs.

NOTE XXV.

Atahuallpa lui-même n'étoit monté sur le trône qu'en qualité de bâtard de la famille royale. (Let. VIII, p. 121.)

Les souverains du Pérou avoient trois espèces de femmes, dont le rang différoit considérablement.

D'abord ils devoient épouser leur sœur aînée comme celle qui avoit le plus de droit à la couronne. A défaut d'enfans et même par précaution, ils épousoient leurs autres sœurs de père et mère ou les plus proches parentes dans l'ordre direct de la succession. Les enfans nés de ces femmes de premier rang avoient seuls droit à la succession de l'empire, par ordre de primogéniture, et par droit de représentation comme il est établi en Europe. On les appeloit fils de Coya.

Ils épousoient encore à leur choix plusieurs autres princesses du sang royal de Manco Capac, fils du Soleil et premier fondateur de la race des Incas. Cette race étant considérée comme une émanation pure de la divinité et recevant de ces peuples superstitieux un véritable culte d'adoration; les enfans nés de ces mariages de second ordre pouvoient encore aspirer à la succession à défaut des premiers, et toujours par ordre de primogéniture. Ils s'appeloient fils de Palla.

Enfin, les souverains du Pérou avoient plusieurs concubines prises dans les *races humaines* : c'est ainsi que s'exprimoit la loi pour désigner tout ce qui n'appartenoit pas à la *race divine* de Manco Capac. Ces femmes de troisième ordre étoient tantôt les filles de quelque sujet considérable de l'empire, et tantôt des étrangères de quelque province ou royaume conquis; mais dans tous les cas leurs enfans étoient considérés comme des bâtards, comme des étrangers dans la famille, comme appartenant à une race humaine et impure, et conséquemment incapables de succéder à la couronne. D'ailleurs ce cas ne paroissoit pas pouvoir arriver jamais, puisque la race pure des Incas étoit très-nombreuse et comptoit toujours plusieurs centaines de princes.

Atahuallpa n'étoit ni fils de Coya, ni fils de Palla, mais étranger et bâtard d'une fille du prince ou roi de Quito, que son père Huayna Capac avoit prise parmi ses concubines après la conquête de ce royaume. S'étant soulevé contre son frère et seigneur suzerain Huascar Inca, et l'ayant fait prisonnier, il se servit de la vénération sans bornes qu'on portoit encore au monarque dans les fers, pour rassembler sous un prétexte hypocrite tous les individus de la famille royale, et les fit tous périr par différens genres de torture.

Si nous en croyons Garcilaso, rejeton lui-même d'une princesse échappée au carnage, la barbarie d'Atahuallpa a surpassé de beaucoup tout ce que l'histoire des tyrans nous retrace de plus affreux. Il fit périr deux cents de ses propres frères, fils du dernier souverain, outre plusieurs centaines d'oncles et de cousins, enfin toute la famille des Incas sans distinction de légitimes ou de bâtards, et sans épargner ni l'âge ni le sexe. Un très-petit nombre d'individus échappa comme par prodige au massacre général et se sauva dans les bois.

D'après cela, il n'est pas même nécessaire de consulter l'histoire pour connoître les suites d'une jalousie sans bornes comme d'une barbarie sans exemple. Les seigneurs, les principaux magistrats, enfin tout ce qui étoit marquant ou avoit joué un rôle sous la dynastie des Incas, fut écarté comme suspect ou enveloppé dans la proscription générale. Le tyran ne se crut plus en sûreté parmi les Péruviens ; la résidence royale fut transférée à Quito, et les Quitois, occupant toutes les places dans l'armée comme dans la magistrature, opprimèrent insolemment les Péruviens, ci-devant leurs vainqueurs et leurs maîtres.

Ceux qui n'ont pas perdu tout sentiment d'honneur national, ceux qui sont capables de concevoir où le ressentiment peut mener une nation qui se sent blessée dans ce qu'elle a de plus cher, jugeront aisément pourquoi les Péruviens se sont livrés aux Espagnols sans conditions, pourquoi ils n'ont vu en eux que leurs libérateurs, pourquoi leur reconnoissance a été sans bornes.

J'ai un mot à dire au sujet de l'auteur qui m'a fourni la plupart de ces détails.

Garcilaso n'est nullement suspect de partialité ni envers les Espagnols en général, ni envers les conquérans en particulier.

Quoique son père fût espagnol et même appartînt à une famille très-distinguée, comme il étoit né d'une princesse du sang royal des Incas, il a toujours affecté un certain dédain pour la race de son père, et il s'appelle toujours *indien* avec une affectation qui, à travers la naïveté de son style, trahit sa vanité et même son ambition.

Il faut encore savoir que Garcilaso sollicitoit les

faveurs de la cour lorsqu'il a écrit son histoire; que dans ce temps-là non seulement les Pizarro n'existoient plus, mais que leur gloire même venoit d'essuyer un terrible échec, et que c'étoit faire sa cour que de calomnier ce nom à jamais respectable; aussi Garcilaso s'en acquitte en courtisan habile, et sous le voile le plus fin de l'impartialité.

NOTE XXVI.

Ce dernier ayant forfait ses droits, il ne se trouvoit personne pour le remplacer. (Lettre VIII, page 121.)

Cinq ou six parens du dernier Inca s'étoient cependant sauvés du massacre général. Mais l'ordre de la succession étoit interrompu, leurs droits n'étoient pas bien reconnus, l'impulsion sur-tout étoit donnée, et une guerre civile paroissoit inévitable.

La seule chose que je prétends prouver dans cet aperçu, est que les Péruviens, divisés d'opinion et ne s'accordant que dans la haine qu'ils portoient à Atahuallpa et à ses adhérens, se sont ralliés autour des Espagnols, ont tout approuvé pourvu qu'ils pussent assouvir leur vengeance, et par ce moyen ont favorisé d'une manière incroyable les vues de Pizarro et de ses compagnons d'armes.

Pour cela il suffit de savoir que les Espagnols

étoient des hommes comme les autres, et que quelque avantage qu'on veuille accorder à leur discipline ou même à la supériorité des armes, (dont nous parlerons tantôt), tout cela auroit nécessairement plié devant l'immense supériorité du nombre et les désavantages du terrain, s'ils n'avoient pas eu en leur faveur l'opinion des peuples.

NOTE XXVII.

Il a trouvé moyen de réconcilier les Cholultèques avec les Tlascaltèques. (Let. VIII, p. 127.)

La défection de Cholula a été peut-être plus fatale aux Mexicains que l'inimitié de Tlascala. Ces deux peuples étoient les Athéniens et les Lacédémoniens d'Anahuac. Les Tlascaltèques, moins industrieux et plus pauvres que les autres, se distinguoient par la sévérité des mœurs, par la force de leur gouvernement aristocratique, et par un courage et une discipline supérieurs à ceux de tous les autres peuples : Cortès, dans ses dépêches, relève quelques traits des généraux Tlascaltèques qui feroient honneur aux militaires les plus expérimentés. Les Cholultèques, moins guerriers, étoient le plus riche et le plus industrieux de tous les peuples; leur gouvernement démocratique, s'il les rendoit plus foibles, les rendoit aussi plus populaires auprès des autres nations, et leurs mœurs polies et la supériorité des lumières contribuoient encore à augmenter cette vogue de popularité. Ce qui rendoit sur-tout très-contagieux l'exemple des Cholultèques, c'est que leur ville étoit le centre de la religion de ces contrées, et que Cholulla n'étoit pas moins connue par les pélerinages qu'on y faisoit de toutes parts, que par le ton qu'elle donnoit sur tout ce qui étoit affaire de goût et de politesse.

NOTE XXVIII.

Forcé de les abandonner chaque soir, il les reprend le lendemain. (Let. VIII, p. 131.)

Les Espagnols étoient obligés d'emporter plusieurs fois de suite les mêmes retranchemens, parce qu'ils revenoient tous les soirs dans leurs quartiers, et que les Mexicains, pendant la nuit, rouvroient les coupures, déblayoient les canaux et relevoient leurs ouvrages. Cortès lui-même, dans ses dépêches à l'Empereur, donne l'explication d'une tactique qui, au premier abord, paroît si extraordinaire : » Votre Majesté (dit-il) pourra désapprouver ma » conduite à la lecture des nouveaux dangers que » nous courions chaque jour pour regagner les » postes que nous avions emportés la veille. Elle » pourroit croire avec vraisemblance que j'aurois » dû établir mon quartier dans la ville, ou garder

» les postes enlevés par des détachemens capables
» de contenir l'ennemi, car ce raisonnement doit
» être dans la bouche de tous ceux qui ne connois-
» sent point le terrain; mais je prierai Votre Ma-
» jesté de réfléchir sur la fausseté de cette combi-
» naison. Si j'avois établi mon quartier au centre
» de la ville, dans la place, dans les temples ou
» dans les maisons susceptibles de défense, j'aurois
» été attaqué à toute heure du jour et de la nuit,
» et de toute part; je n'aurois pas été certain, avec
» mon peu de monde, de résister à tant d'assauts
» multipliés, j'aurois excédé les troupes de veilles
» et de précautions, ou j'aurois été surpris. Je
» n'aurois pu répondre toujours de la valeur et de
» l'intelligence de tous les chefs, dont quelques-
» uns, faute de précaution, auroient pu me laisser
» entamer dans quelques parties. Enfin qu'aurois-je
» fait le lendemain avec des soldats qui auroient
» passé plusieurs nuits de suite sous les armes? Si
» on applique les mêmes principes aux gros déta-
» chemens qui auroient été nécessaires à la conser-
» vation des retranchemens, des ponts, etc. on
» sera également convaincu de la faute que j'aurois
» commise. Des soldats qui ont combattu tout le
» jour, et qui sont excédés de fatigues, ont besoin
» de repos; leur confier des postes à la longue,
» c'est se commettre, et je voulois, Sire, vous bien
» servir et conserver ma gloire ».

NOTE XXIX.

Les Espagnols adoptèrent les cuirasses ouatées des Tlascaltèques. (Let. VIII, p. 133.)

J'ai lu dans Gomara où dans Bernal Diaz, qu'on avoit abandonné depuis long-temps les armures de fer, même dans les îles, par la triple raison qu'elles fatiguoient trop dans un pays si chaud, qu'elles se détruisoient trop tôt dans un pays si humide, et qu'elles ne résistoient pas toujours aux flèches des Indiens, qui, armées d'une pointe en pierre extrêmement dure et aiguisée, traversoient facilement le fer.

NOTE XXX.

Voilà à quoi se réduit tout cet imposant étalage des armes à feu. (Let. VIII, p. 134.)

Malheureusement ni Gomara, ni Bernal Diaz, ni Solis, ni Herrera, ni Cortès lui-même, ne nous disent nulle part le nombre de fusils qu'il avoit dans son armée, et il faut le tirer par induction. Lorsque Cortès débarqua à la Véracruz, sur plus de 600 hommes, il n'avoit que 13 fusils, voilà la seule donnée positive que nous trouvions dans Herrera (Dec. 2, liv. 4, chap. 6). Dans sa première marche vers Mexico, il n'avoit que cinq ou six fusils, à ce qu'il dit lui-même (Lettre 1, § 7.).

Dans une revue générale de l'armée de Cortès, au commencement du siége de Mexico, on trouve 900 hommes d'infanterie et 86 de cavalerie. L'infanterie se composoit de 118 arbalétriers ou fusiliers, et 782 hommes avec pique ou épée. Les fusiliers, comme vous voyez, se trouvent confondus avec les arbalétriers; mais dans le passage d'Herrera que nous venons de rapporter, sur 13 fusiliers, il se trouve 32 arbalétriers: or si nous supposons la même proportion de 32 à 13, nous trouverons les 118 hommes divisés en 84 arbalétriers et seulement 34 fusiliers (Herr. Dec. 3, liv. 1er. chap. 12. Cortès, Lettre 2, § 22).

Un autre calcul. Pour former le siége de Mexico, Cortès divisa son armée en trois parties égales, et à Sandoval qui commandoit la première, il donna 4 fusiliers: il n'y en avoit donc que 12 dans toute l'armée de terre. Il y avoit outre cela 13 brigantins et dans chacun 6 soldats arbalétriers ou fusiliers: dans la division de Sandoval la proportion entre ces deux armes étoit à peu près de 1 : 4 (4 sur 17): il n'y avoit donc que deux fusils par brigantin ou 26 dans toute la flotte: ajoutez ces 26 aux 12 que nous avons trouvés dans l'armée de terre, et vous aurez la somme totale de 38 fusils (Herr. Dec. 3, liv. 1er. chap. 13. Cortès. Lettre 2, § 23).

D'ailleurs ce n'étoient pas des fusils comme ceux d'aujourd'hui; la construction en étoit imparfaite, on mettoit le feu avec une mèche, le bassinet étoit à découvert, en sorte que la moindre pluie les rendoit inutiles; aussi c'étoit une arme dont on faisoit très-peu de cas, et la preuve en est qu'on se servoit encore d'arbalètes, et que dans tous les rapports on mêle ensemble ces deux armes, en disant arbalétriers ou fusiliers, comme si c'étoient deux choses à peu près égales. Parmi ceux qui ont fait la guerre en Amérique, François Carvajal est le premier qui ait recommandé l'usage des fusils; et c'étoit presque un demi-siècle après la conquête du Mexique. Pour l'artillerie nous avons des données plus positives. Dans la première marche sur Mexico, Cortès n'avoit que 6 bouches à feu (Lettre 1.re, § 7), quoiqu'il en eût 14 lorsqu'il est sorti de la Havane (Herr. Dec. 2, liv. 4, chap. 6); mais il en avoit apparemment laissé quelques-unes à la Véracruz, et probablement le bâtiment qu'il envoya en Espagne n'alloit pas sans quelque artillerie. L'affaire de Narvaez avoit augmenté l'artillerie de Cortès; mais la retraite de Mexico la lui fit perdre presque toute entière; en sorte que quelque temps après, et lorsqu'il avoit déja reçu des renforts de St.-Domingue, de Cuba, des Canaries, et même d'Espagne, dans une revue générale faite à Tlascala, il ne se trouva que 9 petites pièces de campagne (Cortès, Lettre 2, § 3. Herr. Dec. 2, liv. 10, chap. 19): ensuite elle a été portée jusqu'à 18 pièces (Cortès, Lettre 2, § 22.

Herr. Dec. 3, liv. 1, chap. 12). A la fin du siége il n'en avoit que 17, et elles étoient extrêmement petites (Herr. Dec. 3, liv. 2, chap. 8).

NOTE XXXI.

Armées comme elles l'étoient (les macanas*), d'un large tranchant en pierre aiguisée.* (Let. VIII, pag. 135.)

Les Indiens ne connoissoient pas l'usage du fer, mais ils connoissoient celui de l'acier. Pour donner une idée de ce que pouvoient être les piques, les lances, les haches, et autres instrumens tranchans des Péruviens et des Mexicains, je copierai les paroles mêmes de M. de Humbolt sur ce genre d'acier. « Plusieurs savans distingués, mais étran- » gers aux connoissances chimiques, ont prétendu » que les Mexicains et les Péruviens avoient un » secret particulier pour donner une trempe au » cuivre, et pour le convertir en acier. Il n'est » pas douteux que les haches et autres outils mexi- » cains ne fussent presque aussi tranchans que les » instrumens d'acier; mais c'est à l'alliage avec » l'étain et non à la trempe qu'ils doivent leur » extrême dureté. Ce que les premiers historiens » de la conquête appeloient cuivre dur ou tran- » chant, ressembloit au χαλκὸς des Grecs et à l'*æs* » des Romains. Les sculpteurs mexicains et péru-

» viens exécutoient de grands ouvrages dans le
» grünstein et le porphyre balsatique le plus dur.
» Les joailliers coupoient et perçoient les éme-
» raudes et d'autres pierres fines en se servant à
» la fois d'un outil de métal et d'une poudre
» siliceuse. J'ai rapporté de Lima un ciseau des
» anciens Péruviens, dans lequel M. Vauquelin a
» trouvé 0,94 de cuivre, et 0,06 d'étain. Cet al-
» liage avoit été si bien forgé, que par le rap-
» prochement des molécules sa pesanteur spéci-
» fique étoit devenue 8,815; tandis que d'après
» les expériences de M. Briche (*), les chimistes
» n'obtiennent ce maximum de densité, qu'en
» alliant 16 parties d'étain à 100 parties de
» cuivre (Essai pol. liv. N. CXI).

(*) Journal des Mines, an V, p. 881.

TABLEAU

TABLEAU

De la mortalité des nègres, en supposant, d'après M. de Humboldt, qu'il en meure sept pour cent par an.

Supposons dans la première année 1000 nègres ayant l'âge de 20 ans, et nous aurons :

Années.	*Age des nègres.*	*Nombre des nègres.*
1.re	20 ans.	1000
2.e	21	930
3.e	22	865
4.e	23	804
5.e	24	748
6.e	25	696
7.e	26	647
8.e	27	602
9.e	28	560
10.e	29	521
11.e	30	484
12.e	31	450
13.e	32	418
14.e	33	389
15.e	34	362
16.e	35	337
17.e	36	313

Années.	*Age des nègres.*	*Nombre des nègres.*
18.e	37..........	291
19.e	38..........	271
20.e	39..........	252
21.e	40..........	234
22.e	41..........	218
23.e	42..........	203
24.e	43..........	189
25.e	44..........	176
26.e	45..........	164
27.e	46..........	152
28.e	47..........	141
29.e	48..........	131
30.e	49..........	122
31.e	50..........	113
32.e	51..........	105
33.e	52..........	98
34.e	53..........	91
35.e	54..........	85
36.e	55..........	79
37.e	56..........	73
38.e	57..........	68
39.e	58..........	63
40.e	59..........	59
41.e	60..........	55
42.e	61..........	51
43.e	62..........	47
44.e	63..........	44
45.e	64..........	41
46.e	65..........	38

Années.	*Age des nègres.*	*Nombre des nègres.*
47.e	66.........	35
48.e	67.........	33
49.e	68.........	31
50.e	69.........	29
51.e	70.........	27
52.e	71.........	25
53.e	72.........	23
54.e	73.........	21
55.e	74.........	19
56.e	75.........	18
57.e	76.........	17
58.e	77.........	16
59.e	78.........	15
60.e	79.........	14
61.e	80.........	13

TABLEAU

DES DISTANCES ENTRE DIFFÉRENS PORTS.

		JOURS DE VOYAGE.		
		ALLER.	REVENIR.	TOTAL.
De Québec.	à New-York . . .	24	38	62
De New-York. . . .	à la Vera-Cruz. . .	27	24	51
	à Portobelo	23	25	48
	à Cartagène	22	24	46
	à la Guayra	25	28	53
	à Paramaribo . . .	35	25	60
	à la Havane. . . .	18	16	34

		JOURS DE VOYAGE.		
		ALLER.	REVENIR.	TOTAL.
De New-York. . .	à Olinda.	54	53	107
	à Rio-Janeiro . . .	67	68	135
	à Buenos-Ayres . .	78	80	158
	à Valparaïso. . . .	135	110	245
	au Callao	142	120	262
	à Guayaquil. . . .	150	132	282
	à San Blas.	168	146	314
De la Vera-Cruz. .	à Portobelo	35	15	50
	à Carthagène. . . .	33	15	48
	à la Guayra	28	20	48
	à Paramaribo . . .	42	28	70
	à la Havane	15	12	27
	à Olinda.	67	55	122
	à Rio-Janeiro . . .	80	60	140
	à Buenos-Ayres . .	91	82	173
	à Valparaïso. . . .	148	112	260
	au Callao	155	122	277
	à Guayaquil. . . .	163	134	297
	à San Blas.	181	148	329
De Portobelo . . .	à Carthagène. . . .	36 ou 8	2	38 ou 10
	à la Guayra	35 ou 20	6	41 ou 26
	à Paramaribo . . .	45	14	59
	à la Havane. . . .	12	26	38
	à Olinda.	76	43	119
	à Rio-Janeiro . . .	89	58	147
	à Buenos-Ayres . .	100	70	170
	à Valparaïso. . . .	157	100	257
	au Callao	164	110	274
	à Guayaquil. . . .	172	122	294
	à San Blas.	190	136	326

		JOURS DE VOYAGE.		
		ALLER.	REVENIR.	TOTAL.
De Carthagène. . .	à la Guayra	35 ou 18	5	40 ou 23
	à Paramaribo . . .	44 ou 35	13	57 ou 48
	à la Havane. . . .	12	24	36
	à Olinda.	76	43	119
	à Rio-Janeiro . . .	89	58	147
	à Buenos-Ayres . .	100	70	170
	à Valparaïso. . . .	157	100	257
	au Callao.	164	110	274
	à Guayaquil. . . .	172	122	294
	à San Blas.	190	136	326
De la Guayra . . .	à Paramaribo . . .	36 ou 18	8	44 ou 26
	à la Havane. . . .	14	24	38
	à Olinda.	61	37	98
	à Rio-Janeiro . . .	74	52	126
	à Buenos-Ayres . .	85	64	149
	à Valparaïso. . . .	142	94	236
	au Callao	150	104	254
	à Guayaquil. . . .	157	116	273
	à San Blas.	175	130	305
De Paramaribo . .	à la Havane. . . .	18	38	56
	à Olinda.	64	30	94
	à Rio-Janeiro. . .	77	45	122
	à Buenos-Ayres. .	88	57	145
	à Valparaïso. . . .	145	87	232
	au Callao	153	97	250
	à Guayaquil. . . .	160	110	270
	à San Blas.	178	123	301
De la Havane . . .	à Olinda.	64	48	112
	à Rio-Janeiro . . .	77	64	141
	à Buenos-Ayres . .	88	76	164
	à Valparaïso. . . .	145	106	251
	au Callao	152	116	268
	à Guayaquil. . . .	160	128	288
	à San Blas.	178	142	320

		JOURS DE VOYAGE.		
		ALLER.	REVENIR.	TOTAL.
De Buenos-Ayres.	à Valparaïso. . . .	55	32	87
	au Callao	65	45	110
	à Guayaquil. . . .	73	58	131
	à San Blas.	90	70	160
De Valparaïso. . .	au Callao	10	32	42
	à Guayaquil. . . .	18	44	62
	à San Blas.	36	58	94
De Callao	à Guayaquil. . . .	8	33	41
	à San Blas.	26	50	76
De Guayaquil . . .	à San Blas.	20	68 ou 30	88 ou 50
De Cadix	à Québec	60	34	94
	à New-York. . . .	54	33	87
	à Vera-Cruz. . . .	48	55	103
	à Portobelo	42	55	97
	à Carthagène. . . .	40	55	95
	à Olinda.	40	60	100
	à Rio-Janeiro. . .	53	72	125
	à Buenos-Ayres . .	64	80	144
	au Callao	120	110	230
	à San Blas.	145	155	300
	à la Guayra. . . .	35	52	87
	à la Havane. . . .	42	48	87
	à Valparaïso. . . .	118	92	210
	à Guayaquil. . . .	128	130	258

N. B. Dans les lieux où les nombres se trouvent doublés, les plus petits désignent les durées moyennes des traversées faites en remontant contre la brise et le courant par des bâtimens légers et fins voiliers, comme des bonnes goelettes ou *pilot-boats*.

Par exemple, pour aller de Carthagène à la Guayra, une frégate passera à l'ouest de l'île de Cuba, débarquera par le canal de Bahama (appelé par les Anglois le golfe de la Floride), et après, elle remontera jusqu'à gagner à l'est la distance nécessaire à pouvoir passer entre les îles Espagnole et de Porto-Rico, et poursuivra à sa destination en employant probablement 35 jours. Tandis qu'un bon *pilot-boat* pourra en louvoyant le long de la côte exécuter cette navigation en 18 jours à peu près.

Ceux qui voudront se donner la peine de vérifier ces distances, verront qu'on n'a nullement exagéré. Nous ne cherchons pas à éblouir, mais à convaincre.

Nous voulions prouver que généralement les distances entre les différens ports d'Amérique sont très-grandes; cependant en calculant les distances moyennes entre ces différens points, nous avons plutôt diminué qu'augmenté les nombres qui marquent ces distances.

Nous voulions prouver que les distances entre l'Europe et l'Amérique sont proportionnellement très-petites; cependant nous avons plutôt augmenté que diminué les nombres qui marquent ces distances. C'est ce qu'on verra par les données suivantes qui sont authentiques.

Nous avons marqué de Cadix à Carthagène 40 jours pour aller et 55 pour revenir.

L'an 1789, la frégate *Paz*, commandée par le brigadier don Fédérico Gravina, partit de Cadix à la fin de juillet ou au commencement d'août, pour se rendre à Carthagène des Indes. Elle fit cette traversée en 20 jours, et 30 jours après elle étoit déjà de retour à Cadix, quoiqu'elle se fût arrêtée deux jours à la Havane. L'année suivante la même traversée a été faite en 18 jours, par les frégates *Rosa* et *Rosalia*, commandées par les capitaines don José Roxas et don Angel Gonzalez Miera.

Nous avons marqué de Cadix à la Havane 42 jours pour aller, 48 pour revenir. L'amiral Nelson, avec une nombreuse escadre, ne mit en 1805 que 21 jours depuis Lagos, en Portugal, jusqu'à la Barbade. L'an 1799, les vaisseaux espagnols *San Pedro de Alcantara* et *san Ildefonso*, avec les frégates *Esmeralda* et *Carmen*, sous le commandement de don Dionisio Alcala Galiano, avoient fait en 17 jours la traversée de la Havane au cap Ortegal.

De Cadix au Callao, nous avons marqué 120 jours. L'an 1794, la frégate *Rosalia*, commandée par don Joaquin de Molina, fit ce voyage en 90 jours, quoiqu'elle eût trouvé des vents contraires au passage de la ligne.

Enfin nous marquons 118 jours comme distance moyenne de Cadix à Valparaïso, et l'an 1796, une escadre de trois vaisseaux et deux frégates, commandées par le général Alava, ne mit que 85 jours à faire la traversée de Cadix à la baye de la Conception.

TABLEAU COMPARATIF,

qui est le résultat du précédent.

New-Yorck est plus près de Cadix que de

Olinda.	comme	87 : 107	=	1 : 1,23
Rio-Janeiro...........		87 : 135	=	1 : 1,55
Buénos-Ayres.........		87 : 158	=	1 : 1,82
Valparaïso............		87 : 245	=	1 : 2,82
Callao................		87 : 262	=	1 : 3,01
Guayaquil.............		87 : 282	=	1 : 3,24
San Blas.............		87 : 314	=	1 : 3,61

Véra-Cruz est plus près de Cadix que de

Olinda.	comme	103 : 122	=	1 : 1,18
Rio-Janeiro...........		103 : 140	=	1 : 1,36
Buénos-Ayres.........		103 : 173	=	1 : 1,68
Valparaïso............		103 : 260	=	1 : 2,52
Callao................		103 : 277	=	1 : 2,69
Guayaquil.............		103 : 297	=	1 : 2,88
San Blas.............		103 : 329	=	1 : 3,19

Portobelo est plus près de Cadix que de

Olinda, ... comme	97 : 119	=	1 : 1,23
Rio-Janeiro...........	97 : 147	=	1 : 1,52
Buénos-Ayres.........	97 : 170	=	1 : 1,75
Valparaïso............	97 : 257	=	1 : 2,65
Callao...............	97 : 274	=	1, 2,82
Guayaquil............	97 : 294	=	1 : 3,03
San Blas.............	97 : 326	=	1 : 3,36

Carthagène est moins distant de Cadix que de

Olinda........ comme	95 : 119	=	1 : 1,25
Rio-Janeiro...........	95 : 147	=	1 : 1,55
Buénos-Ayres.........	95 : 170	=	1 : 1,79
Valparaïso...........	95 : 257	=	1 : 2,71
Callao...............	95 : 274	=	1 : 2,88
Guayaquil............	95 : 294	=	1 : 3,09
San Blas.............	95 : 326	=	1 : 3,43

La Guayra est moins distante de Cadix que de

Olinda........ comme	87 : 98	=	1 : 1,13
Rio-Janeiro...........	87 : 126	=	1 : 1,45
Buénos-Ayres.........	87 : 149	=	1 : 1,71
Valparaïso...........	87 : 236	=	1 : 2,76
Callao...............	87 : 254	=	1 : 2,92
Guayaquil............	87 : 273	=	1 : 3,14
San Blas.............	87 : 305	=	1 : 3,51

La Havane est moins distante de Cadix que de

Olinda........ comme	87 : 112	=	1 : 1,30
Rio-Janeiro...........	87 : 141	=	1 : 1,62

La Havane est moins eloignée de Cadix que de

Buénos-Ayres.	comme	87 : 164	=	1 . 1,89
Valparaïso.		87 : 251	=	1 : 2,89
Callao.		87 : 268	=	1 : 3,08
Guayaquil.		87 : 288	=	1 : 3,31
San Blas.		87 : 320	=	1 : 3,68

Buénos-Ayres est moins distant de Cadix que de

Paramaribo.	comme	144 : 145	=	1 : 1,01
La Guayra.		144 : 149	=	1 : 1,03
New-Yorck.		144 : 158	=	1 : 1,10
San Blas.		144 : 160	=	1 : 1,11
La Havane.		144 : 164	=	1 : 1,14
Portobelo..........		144 : 170	=	1 : 1,18
Carthagène.		144 : 170	=	1 : 1,18
Véra-Cruz.		144 : 173	=	1 : 1,20

Valparaïso est moins distant de Cadix que de

Paramaribo.	comme	210 : 232	=	1 : 1,10
La Guayra.		210 : 236	=	1 : 1,12
New-Yorck.		210 : 245	=	1 : 1,17
Portobelo.		210 : 257	=	1 : 1,22
Carthagène.		210 : 257	=	1 : 1,22
Véra-Cruz.		210 : 260	=	1 : 1,24
La Havane.		210 : 251	=	1 : 1,30

Le Callao ou Lima est moins distant de Cadix que de

Paramaribo.	comme	230 : 250	=	1 : 1,09
La Guayra.		230 : 254	=	1 : 1,10

Le Callao ou Lima, est moins distant de Cadix que de

New-Yorck.	comme	230 : 262	=	1 : 1,14
La Havane.		230 : 268	=	1 : 1,17
Portobelo.		230 : 274	=	1 : 1,19
Carthagène.		230 : 274	=	1 : 1,19
Véra-Cruz.		230 : 277	=	1 : 1,20

Guayaquil est moins éloigné de Cadix que de

Paramaribo.	comme	258 : 270	=	1 : 1,05
La Guayra.		258 : 273	=	1 : 1,06
New-Yorck.		258 : 282	=	1 : 1,09
La Havane.		258 : 288	=	1 : 1,12
Portobelo.		258 : 294	=	1 : 1,14
Carthagène.		258 : 294	=	1 : 1,14
Véra-Cruz.		258 : 297	=	1 : 1,15

San Blas est moins éloigné de Cadix que de

Paramaribo.	comme	300 : 301		
La Guayra.		300 : 305	=	1 : 1,02
New-Yorck.		300 : 314	=	1 : 1,05
La Havane.		300 : 320	=	1 : 1,07
Carthagène.		300 : 326	=	1 : 1,09
Portobelo.		300 : 326	=	1 : 1,09
Véra-Cruz.		300 : 329	=	1 : 1,10

TABLE
ANALYTIQUE.

Ire. LETTRE.

IIe. LETTRE.

IIIe. LETTRE.

VIIIe. LETTRE.

Du congrès colonial proposé par M. de Pradt. Absurdité d'une pareille idée. Droits de l'Espagne. Droit de premier occupant. Droit de prescription. Droit de conquête. Fondemens de ce droit. L'Espagne a encore des droits plus respectables sur l'Amérique. Histoire d'Amérique peu connue. Conquête du Pérou. Conquête du Mexique. Les Espagnols n'y agissent qu'en libérateurs. Ils sont en même temps les vengeurs de la légitimité et les protecteurs des peuples soulevés contre la tyrannie. La soumission de l'Amérique n'est ni le fruit de la force, ni celui de la ruse ; elle est volontaire, elle est l'effet de la reconnoissance.

FIN.

www.ingramcontent.com/pod-product-compliance
Ingram Content Group UK Ltd.
Pitfield, Milton Keynes, MK11 3LW, UK
UKHW021057230726
13926UKWH00004B/1907